武田信子
Nobuko Takeda

やりすぎ教育
商品化する子どもたち

ポプラ新書
208

はじめに――人間に点数がつけられている

eポートフォリオという言葉を聞いたことがあるでしょうか。

eポートフォリオは、個人に付随するさまざまな情報を集め、個人の状態を表すブランディングのための通知表のようなものです。ポートフォリオとはもともと紙挟みのことで、アーティストなどが個人の個性的な作品を入れて自己紹介等に使っていたものですが、eポートフォリオはそれとは異なって共通フォーマットを埋めていくもので、成果の比較ができるようになっています。

正式には、JAPAN e-Portfolioという名称で、子どもたちの学習記録をデジタル化し、大学入試等へ導入しようと2016年から文部科学省を中心に検討されてきました。1回のテストだけでは測れない主体性や学習成果、あるいは学習過程を記録することで、入学試験や大学入学後の育成にも役立てようという発想で考えられたシステムですが、運営に課題があり、今はその活用は見送られています。

　ここには、非認知能力、つまり学力（認知能力）以外の能力を含むあらゆるパフォーマンスを書き込むことが可能で、活用目的に合わせて変数に重みづけして、つまり大事だと思う項目にはその大事さに合わせて重みづけして、総合得点を出すことができます。

　点数化できるものは、多岐にわたります。

　たとえば勉強も運動もコミュニケーション能力も生活態度も、体力だって友達の数だってサークルの役職だって、そうしようと思えば親の経済力さえも点数化して加えることが可能です。結果をパソコン上で瞬時に一覧にして、順位が上の者から並べることも不可能ではありません。頻繁に新しい情報に上書きしていけば、製品、いえ、人間の管理が可能です。成人期以降はメディアに出た回数も加えるといいでしょう。同僚からの評価も、語学力も、Twitter のフォロワー数も、釣りの成果さえ得点化できるのです。

「あと何を加えれば、わが社に必要な人材が獲得できるだろうか？」

「わが社では、このレベルの人材があと何人必要だ」

「この能力を集中的に研修で強化しよう」

「病歴もメンタルの強さも書き込んでおかなければいけない。これから何年間、健康で働けるかは重要な情報だ」

このような具合に、工夫して活用すれば、会社の業績はアップ間違いなしです。


これはフィクションでしょうか？

いいえ、すでに多かれ少なかれ、私たちはこういった視点で人を比較し、評価する社会の中で生きています。いつの間にか自分の頭の中に、人を並べていないでしょうか。自分の子どもをこのリストに載せて育てようとしていないでしょうか。

「お宅と違って、うちの子は頭が悪くて」

この言葉には人間の上下関係を比較する思考が表現されています。子どもたちは友達同士で競争させられ、テストの点数で順に並べられ、点数がつけられた学校に点数の順で入り、卒業のときにも次に入る学校で並べられ、最後は就職で優劣がつけられます。就職した会社では業績順に並べられ、売上高、給料、出世と評価され続けます。

実は、競争や比較は生まれたときから始まっているのです。

赤ちゃんが飲んだミルクの分量は丁寧にスマホに記録され、生物としての子どもの欲する量ではなく、栄養学的に足りない分を補うように指導されます。1日も早くお座りができるようにと、まだ自分で座れない頃から自力で抜け出せない椅子に座らされ、視界が広がるから本人も喜んではいるのですが、身体は悲鳴を上げています。

0歳からスマホを与えられ、器用にスワイプできるとほめられる一方で、おむつがさらさらで取り替える必要のない時代の赤ちゃんは排尿コントロールができないままに育ちます。人と視線を合わせる時間よりもメディアを見ている時間が多い幼児もいます。赤ちゃんの発達の様相が変わってきていると、現場からは懸念の声が上がっています。

親は、子どもが将来、周りから取り残されないように、自分たちの薄給のせいで子どもが悲しい人生を送らなくても済むようにと、赤ちゃんのときから子育てや教育にお金をかけ、そのために共働きで長時間働くので、自分で子どもの世話をする時間を十分に取れません。

貧困家庭の子どもは学力が低いという研究結果は、貧困家庭の子どもの学習支援を盛んにし、放課後に無償の塾が開かれ、子どもたちは昼間の学校の勉強を夜に持ち越して残業することになりました。その時間の分、生活力をつける時間も、休息を取って次の活力をつける時間も減るわけですが、それは問題視されません。教育熱心な親は、非認知能力が大事だと言われればキャンプに連れていき、感性が必要だと言われれば、五感を育てることを謳《うた》う教室に通わせるというふうで、何としてでも子どもを高得点の子どもにしたいと思っています。

かつて国全体が貧しかった頃、子どもは家庭の労働力でした。学校など行かないで家業の手伝いをすることが優先されました。子どもは家庭経済にとって役立つかどうかという天秤《てんびん》にかけられ、負担とみなされれば口減らしのために売られることもありました。今は違います。そんな野蛮なことはなくなりました。子どもにも人権があると言われるようになって、子どもは社会の宝だと言われるようになって、親は少ない子を大切に育て、教育を与えて、大事にしているはずです。

育てた子どもは、いずれ自分の商品として出荷する、いえ、私の作品として世に出すのですから。

さて、子どもたちの人権は本当に守られているでしょうか。

不適切な養育が、子どもたちの人権を奪っていないでしょうか。

子育てが、子を計画的に作り（授かるではなく）、育て（育つのではなく）、育ったら市場に出すという、まるでブロイラーの養鶏のような状態になっている今、何が私たちに起きていて、これからどうなっていくのか、どうしたらいいのか。親だけのせいではないのに、誰かのせいではないのに、うまくいかないこの状況の中で、特効薬はなくとも、私たちに今からできることは何かを考えていきたいと思います。

やりすぎ教育／目次

第1章

「成功をめざす教育」の限界

親が教育熱心になる理由

日本では、特に大都市の中心部では、子どもの中学校の選択に親が頭を悩ませています。

私は全国で子どもに関するさまざまな講演や研修を行い、実際に現場に出かけていって出会った人たちにヒアリングをしたり、フェイスブックを始めとしたSNS上で発信したりして、広い世代のさまざまな職業の方から情報をいただいています。２０１９年12月にＮＨＫ「あさイチ」の「やりすぎ教育」特集で出演したときにも、その前後にいろいろなコメントをいただきました。その中からいくつかをご紹介したいと思います。

「小学校までは地元で伸び伸びと育てたいと思っています。でも、中学は、公立中学が荒れているらしいし、友達がみんな私立中学受験組で子どもも塾に行って受験したいと言うようになり、受験を考え始めました」

「もし中等教育学校に入れれば、10代の充実する時期に高校受験で途切れずにいい教育が受けられるし、大学受験も有利になるらしいから、受けさせてみたいと思います」

従来の国立、私立に加え、２０００年頃から各地に公立の中高一貫校が登場しまし

図１　中学受験者数の増加

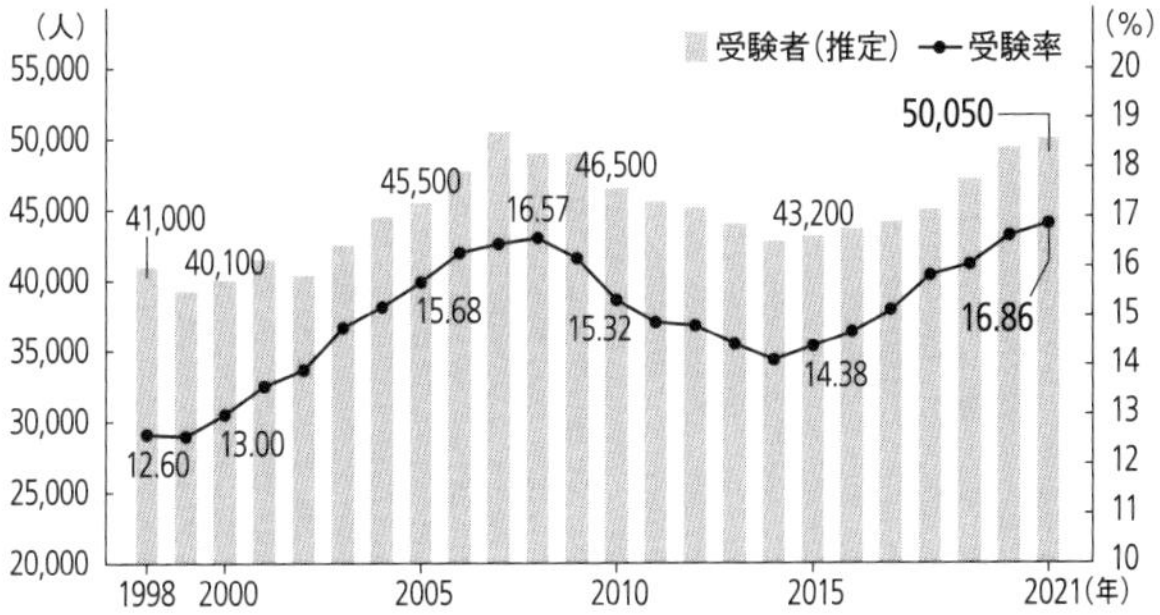

首都圏受験センター 2021年2月版より

少子化で小学6年生の総数は減少しているが、受験者数は増えている。2002年開始のゆとり教育でかえって受験率が上昇し、リーマンショックでいったん落ち込んだが再び増加している。

た。10代半ばの人生の輝く青春期を高校受験に費やすのでなく、6年間かけて思う存分学び、活動できるようにしようという狙いです。これにより、皮肉なことに高校受験をしないための中学受験に関心が集まったのです。

一方で、こんな声もあります。

「今のクラスになじめなくて、子どもは時々学校を休みたがります。このまま地元で進学するより、環境を変えて、新しい学校で本来のうちの子らしさを出させてあげたい」

「私は自分の通った学校が好きではなかったんです。いじめが多くていつもびくびくしていました。同窓会にも行かないです。子どもに同じ思いはさせたくないから、少しでもいい学校に入れたいのです」

さまざまな理由で中学受験する小学生がいますが、希望する国立、私立、あるいは中高一貫教育の学校に入れる人数は限られていますから、勉強して受験競争に勝たなければなりません。

「うちの子は、そんなにできるわけではないし、受験には特別な技術が必要だから塾に行かせないと。塾代は馬鹿にならないし中学受験は親次第というから大変そうだけれど、子どものためだもの」

そうです。「子どものため」を思い、皆、我が子の未来を願っていろいろと考えるのです。

教育費がかさむため、受験率は景気に左右されるともいわれます。

「両親共働きで子どもの面倒を十分に見るのは無理です。お金がかかってもいい学校に入れて、そこでいい友達いい先生に囲まれてすくすくと育ってくれるなら安心です」

「先行き不透明な社会で生き抜いていくためには、学歴や資格はやっぱり大事だと思います。就職難だし、いざというとき手に職をつけるにしても、それなりの学校に行って選択肢を増やせる状態にしておきたいと思って」

「がみがみ言って勉強などさせたくないけれど、勉強は将来にわたって必要なことでしょう。よそ様のお子さんのことはよくわかりませんが、うちの子は親が見ていなければ遊んでしまって勉強などしないから、まだ親の言うことを聞く小学生のうちに頑張らせようと思います」

このように、親たちが教育熱心になるには、ちゃんと理由があるのです。

できない先生になりたくない

先生たちはどうでしょうか。

学校の先生の中にも子どもを時代をもっと伸び伸びさせてあげたいと思っている方は少なくありませんが、理想を語っても、もし現実に大切な生徒たちが進学・就職できなかったら困るだろうと思うと、入試で求められる学力をつけさせることが自分の役割だと思い直すのです。学校の先生はとりわけ自分も頑張って勉強してきたという人が多いようですから、伸び伸びと生活しながら学力をつけるという学びのイメージは持ちにくいのかもしれません。

「もっと子どもたちをゆっくりさせてあげたいと思いますよ。でもカリキュラムは決まっているし、管理職の目もあります。保護者からの要望だってもちろん強い。僕ら末端の教員にはどうしようもないです」

「しっかり勉強させないと、ちゃんと教えていないと周りに思われます。できない先生というレッテルを貼られたくはありません。クラスの子どもたちに何とかテストでよい点数を取らせたいのです」

「教科書を終えなければならないじゃないですか。この短い授業時間の中では無理だから、当然宿題を出します。宿題を出してくれ、そうじゃないと家でゲームばかりになって困るという親は少なくないですよ。塾の勉強が大変だから出さないでくれという親もいますけれどね」

「子どもたちの幸せを願っています。今の時代、まだまだ学歴が必要です。理想を言ってもそれが現実です。親子の希望を叶《かな》えるのが担任の役割。受験で受かったときのうれしそうな顔が生きがいですね」

「親が受験させたいと言ってきて、塾を優先して学校も休ませたりしますが、自分より学歴も職歴も高い親御さんに子どもの将来がかかっているって詰め寄られると言い返せません。受験する生徒が増えるとクラスがぎすぎすして、イライラしている子も増えるし、まとまりがなくなっていくのですが、小学校高学年は仕方ありません」

「いい人生を生きたい」子どもたち

親と教師、この大人たちの思いやりとプライド、あるいはあきらめが、子どもたちにプレッシャーとして降りかかります。

「私もいい人生を生きたい。そのために学力も学歴も必要だと大人たちが言っている。自分の人生のために頑張ることは大切で、スポーツ選手だって、こつこつと練習しているからこそ成功している。それができなければ自分はダメ人間になる」

「学校の授業はつまらないけれど、塾の勉強は楽しい。頑張れば結果が点数と順位で見えるから。友達と競い合うのもゲームみたい。目標があるから学校よりやりがいがある」

いかがでしょうか。前者の子どものように自分で気づかないまま、完全に大人の価値観の受け売りをしている子どもたちがいます。自分のやりたいことがその価値観の線上にあるように感じ、そこで頑張るしか方法がないと思うのです。

あるいは後者のように、競争社会を前向きに受け入れられる子どももいますが、たとえ最初の受験で合格しても、行った先では自分と同じ点数が取れる子どもたちがたくさん集まっていて、その中でさらに長丁場を闘い続けることは簡単ではありません。受験の段階で、合格というゴールしか見えておらず、合格後に成績を保てずに、精神の不調をきたす子どもたちもいます。

「親はいい点数を取ると機嫌がいいし、お小遣いをくれる。でも、順位が下がるとゲームを取り上げたり、ご飯を食べさせてくれなかったり、ドリルを仕上げるまで寝させてくれなかったりする。あれはなんていうか、虐待みたいなものだと思う。受験日までの我慢で、受験が終わったら遊ばせてもらえるから、その日を楽しみにしている」

この生徒は、ある意味冷静に大人たちを見る余裕があって、反発せずに言うことを聞くことで身を守り、バランスを取りながら自分の進むべき方向を見定めています。勉強方法も同様です。多くの子どもたちは、試験に出るところを探っては効率よく暗記して、問題形式に合わせて答えられるようになっていきます。

点数が少しずつ上がっていけば、そのことに当然快感を覚えるようになるのです。それで一歩いい生活への道を歩めた気がするし、周囲の友達と比較して優越感を持てるし、ほめられるのは悪くないのです。両親の機嫌はよく、先生の当たりも柔らかい。やっぱり勉強できるというのはいいことなのだと思うわけです。

他者より抜きん出るために

このような経験を繰り返していくうちに、この競争社会の中で幸せになるためには、勉強して学歴をつけるか、スポーツで秀でるか、注目を浴びるようなことをするか、とにかくまず人より有利な位置に立つことが重要と考えるようになっていきます。

実際に、会社社会では、就職試験の成績や学歴や人づきあいのよさなどで比較されて優劣が決まっていき、後々の給与にも差がつきます。健康でありさえすればいいというのは理想だけれど、それは残念ながら、小さかった頃だけの話のようです。社会に出たら霞《かすみ》を食べては生きていけません。実力で生きていくのは受験よりも大変でしょう。だから、早いうちに自分の位置を高めて、多様な選択肢から自分の仕事を選べるようにしておくことが大切、そう思っている人が多いのではないでしょうか。大人も、その意向を受けた子どもも。

ある有名私立小学校では、「その小学校に入れたらもう一安心」と多くの親が入学してしばらくすると、子どもの教育に強い関心を持たなくなるそうです。「そこそこの成績を取れば大学までエスカレーター式に入れるので、その大学の学歴と親の資産があれば人生は安泰。勉強はさほどできなくても、社交性があってよい格付けの家庭出身の学友がいれば商売はできるだろうし、実家や親戚の仕事を継いでくれればいい」というのです。

「将来が安泰なら勉強しなくてもよい」、これが、残念ながら現在の日本の「勉強」「学び」の正体のように思います。本当に学ぶことが楽しいとか、深く考える力をつけるとか、人生を豊かにする学びを身につける、ということは二の次で、「他人との比較で高い評価を受けるステータスとしての学歴があればいい。大学は、授業よりも多様な体験ができて人間関係が広がる部活やサークル、バイトが大切で、授業のほうは単位が揃って卒業できればいいし、資格が取れて就職できればいい」。少なからぬ本音はそこにあり、でもそのステータスのために、小学生の頃から、あるいはすでに就学前から競争を始めているのです。

かくして、子どもたちは小さな頃から点数をつけられ、比較され、「できること」によってほめられ「できないこと」を恥ずかしく思うように操作されて育ちます。できないことや失敗することは次に進むために繰り返しが必要な大切なステップのはずなのですが、その経験はネガティブに受け止められてしまい、たとえ叱られないとしても、できるようにと励まされ、試行錯誤の機会は制限されます。

経済的価値の高い人間とは

現在、アメリカ合衆国などの資本主義国では、教育は、経済的価値の高い「成功した個人」を育てるためのきわめて個人的、私的なものとなっています。日本も例外ではありません。

同じ時間働いても、労働単価の低い人間と高い人間がいます。つまり、社会の役に立つかどうかにかかわらず儲かる仕事ができる人と、儲からないかもしれないけれど皆の生活に必要な仕事をしている人がいるのです。そしてさらに、働かなくてもお金が入ってくるいわゆる不労所得がある人もいます。そのため、子どもたちは、手や体を使った生活に必要な技術や人生を豊かにする芸術を教わるよりも、よい収入を得るためにいかにうまく頭を使えるようになるかを教わります。

ＯＥＣＤ（経済協力開発機構）が不確実性の増す今後の国際社会において現代人に

必要な能力としてキー・コンピテンシーを提示したのは２００３年です。ここでは、①言語や知識、技術を相互作用的に活用する能力、②多様な集団における人間関係形成能力、③自律的に行動する能力の３つが提案されました。このアイデアは、世界各国において「キースキル」「資質・能力」といった言葉でそれぞれ検討され、ＯＥＣＤ加盟国を中心として３年ごとに実施される15歳を対象とした国際的な学習到達度テスト（ＰＩＳＡテスト）の結果分析と共に、グローバル化の中で競争的関係にある国家のそれぞれの教育政策に反映されてきました。

そもそもコンピテンシーという概念（McClelland.D.C., Testing for Competence Rather Than for "Intelligence", American Psychologist,1973）は、外交官が高いパフォーマンスをあげる能力を要素に分解し、専門職育成に活用するために開発されました。この概念は、専門職に必要な能力の目安を考えるために、あるいは、自分で必要な要素と欠けている要素を確認し、継続的に専門性を追求し続けるためには有用な概念ですが、個人の能力の評価指標として第三者が査定に用いるのに適切な物差しではないと私は考えています。後にも述べますが、能力は常に状況の中で変化し、関係性の中で発揮されるものだからです。しかし、それが、主に経済的観点からの人材の育成指標の作成に用いられ、さらに国家が学校教育を通じて一般の子どもをより高い価値のある人間に育てるための指標を作る際に用いるようになったのです。

キー・コンピテンシーは、「個人の成功」と「社会の発展」の双方にとって価値があり、さまざまな状況における複雑な課題に応えることのできる、すべての人にとって重要な汎用的能力とされています。現代社会の能力指標として一般的に役立つと考えられているのです。確かにこれらのコンピテンシーを持った人材は、今の社会を支えていくでしょう。

組織のトータル・コンピテンシーへ

しかし、私たち人間の価値を、「すべての人にとって重要な汎用的能力」の指標で評価することは可能でしょうか。誰のため、また、どのような時に役立つのかをしっかり考え、同時に別の複数の評価軸を持つことの必要性を認識していないと、この指標で高く評価される人材を輩出することが学校教育の目標と思い込んでしまわないでしょうか。

コンピューターや言語や知識、技術を駆使して自分を取り巻く環境や他者と対話しながら世界に働きかけることができたら、異なる背景を持つ人々とよい関係を作って協働して問題解決できたら、広い視野を持って自律的に行動できたら、それは素晴らしいことですが、そもそもキー・コンピテンシーはすべての人が身につけることをめざすべき能力と言い切れるのでしょうか。

たとえば、美味《おい》しい野菜を誠実に畑で作る第一次産業の農業従事者は、キー・コンピテンシーの指標では低く評価される可能性があるでしょう。無口で頑固で時々激高してしまうような無骨な伝統産業の担い手は、キー・コンピテンシーで重要とされる対人コミュニケーション能力が高いわけでも語学力があるわけでも、社会性があるわけでもないかもしれません。それでもこのような人たちは、私たちの生活を底支えしてくれていて、なくてはならない人たちです。

農業従事者について考えてみましょう。これからの社会において、野菜の多くが工場やAIで生産管理されるような時代が来れば、野菜を育てているだけの農業従事者は職を失うかもしれません。6次産業化（第1次産業である農業と、第2次産業である加工業と、第3次産業である情報産業を掛け算のように組み合わせ、現代社会においてより消費を生み出す経営の多角化）に取り組むことができるような能力が農業従事者にも求められ、有能なビジネスマンに利益を収奪されないように、希少な農業製品を海外に輸出できるように、賢くならなければ生き残っていけないのかもしれません。

農業従事者の脳の中にある季節や水や空気や虫や太陽に関する知識や情報は、インターネットで検索すれば出てくる時代です。生産者の顔が見える野菜などという宣伝文句も、メディアとつながればこその情報で、情報弱者の零細農家は、コロナ禍でせっかく実った野菜を廃棄するしかありません。だから、将来の農業従事者にも基礎学力、語学力やＩＣＴの能力をつけ、さらに対人関係能力、マネジメントやリーダーシップの力をつけていかなければならないということになるのでしょう。

人間には無限の可能性があるのですから、将来、何かその可能性が開かれるときに動けるようにより多く準備しておくといいというわけです。

でも、そのために、この複雑化していく社会では、大人になるまでに学ばなければならないコンテンツや技能は限りなく増え続けています。無限の可能性を残すために、みんなが同じ教科書の内容を学んだことにする、というのが今の教育です。実際は学んでいない子どもたちがたくさんいるのに。

2020年8月末のことです。北海道の小さな農家が育ててきたアロニア（ブルーベリーより一回り大きい果実）がコロナ禍で業者から納入停止の連絡を受け、出荷できなくなるという事態が起きました。その関係者がインターネットで助けを求めたところ、あっという間に支援の輪が広がり、収穫のボランティアが集まり、アロニアは完売となりました。アロニア農家と、その農家と一緒に歩んできた人々と、さらにその人々と信頼関係でつながる全国の人々が、急ごしらえのネットワークでつながり、農家は倒産を免れました。

農家の人たちは自分たちで発信する力は持っていませんでした。でも、それを全国に発信する力を持った人たちとしっかりとつながっていました。彼らと発信者との間に日頃から築かれていた温かい信頼の関係性が彼らを救い、関わった人たちに感銘を与えました。

ここに関わった農業従事者たちの力は、キー・コンピテンシーで測れるものでしょうか。それを支えた人たちの力はどうでしょうか。各個人がそれぞれキー・コンピテンシーを身につけている必要性はどのくらいあったといえるでしょうか。

関係する人たちの総体的な力、それを私は「組織のトータル・コンピテンシー」と呼びたいのですが、それこそが必要なものではないでしょうか。先述のように、コンピテンシーという概念は、一人で重大な決断を迫られる外交官の力を分析するところから作られた概念です。でも、私たちは普段、人と共に生きています。その中で用いられる多くの能力は、実は個人単位で測れるものではありません。キー・コンピテンシーを身につけた人と幼馴染みだったりなんとなく仲がよかったりして力を借りることができれば、それでいいのかもしれません。コンピテンシーは、たえず関係性の中で生かされていくものだと思うのです。

成果を上げればよい教育か

しかし、日本ではどうしても個人の能力を伸ばすことに力が注がれてしまいます。わかりやすいのが学校教育です。「進学校、有名校に受験で何人受かった」「スポーツ大会や音楽コンクールで好成績をあげた」というような個人の成果の集積を、学校の教育成果と宣伝しています。受験で成果をあげた生徒たちの多くは、塾に通っていたり家庭教師をつけてもらっていたり、家庭の教育力や経済力の影響を受けていたりするのですが、その影響がどの程度あるかまでは計算に入れられていません。とにかく結果が出ればいいのです。

受験の成果を学校、もしくは教師の教育力と個人の学力や努力の結果の関数であるとみなした場合、学力は「必要なこと」だけを教員代わりのICTの個別学習プログラムで最適化して個人に身につけさせればいいということになりますし、さらに個人が社会で活躍する術《すべ》を身につけさせるには、生徒たちが協働して「成果」を出すトレーニングをさせれば、いい教育ができるというわけです。

もし、貧困層の子どもがこのような勉学の機会を得て、素晴らしい教師や学友と出会い、有名大学に入れれば、それが素晴らしい学校教育モデルであるということになるのです。日本でも組織的に上映会を開いて感動を呼んでいる米国の映画「Most Likely to Succeed」は、ある地域の貧困層の子どもたちの中から選ばれた幾人かが、最高の探究的な学習環境を得ることでエンパワーされて驚くべき成長を遂げたというドキュメンタリーですが、それはこの典型例でしょうし、発展途上国の貧困層の子どもたちによい条件を提供して学歴をつけるというストーリーもまたこのパターンでしょう。これは、能力や学力を個人の才能と考え、他者と比較し、その結果、競争を生んで、勝者と敗者を生む（それにより必ず誰かが落ちているのですから）考え方といえるでしょう。

さて、実はこの問題を、別の角度からつとに問題視していた人がいます。インドのガンジーです。

ガンジーは、読み書きができればいいという西欧の教育観は間違っていると言い続けていました（『ガンジーの教育論』、片山佳代子訳・編、星雲社）。彼自身は高等教育まで受けた人ですが、インドの人々を学校に行かせることで、彼らがより多く生計を得るようになるという目的のみで教育を受けるのは有害であると強く訴え続けていたのです。

ガンジーは「教育が単に、お金と交換できる商業的生産物になってしまって」いる、教育は身体的活動を通して人格を養うものであると主張していました。

必要な知力は同じではない

現代社会では、たとえば法律が読めなかったり、契約書が理解できなかったりしたら、損をしたり、生活が苦しくなったりする可能性が高くなります。取り返しのつかないことになる場合があることは、農民や先住民など社会的に弱者の立場に置かれた者たちを収奪してきた世界各国の歴史が物語ります。

国を動かしているのは「読み書きができる人たち」「すでに特権と権益を持っている人たち」です。読み書きができるようになれば、お金を稼ぐことができるようになるのです。でも問題は、「読み書きができるようになった」誰もが社会や他人のために「賢く」「よい」行いをするとは限らないということです。ガンジーは、「多くの人々が読み書きの知識を悪用」すると指摘しました。より自分に利益がいくように継続的に限りない努力を続けてしまう人もいるでしょう。

でも、そのことに気がついている人は多くはないように思います。「読み書き」「学力」をつければ、お金が稼げる、いい企業に就職できる、幸せになれる。社会を自分が理想とする「よりよい社会」に近づけることができる。だから、みんなが「読み書き」ができるようになって、「学力」をつけられるように、公教育は子どもたちに勉強を、「強」いて「勉」めさせなければならない。それが教員の仕事である。そう信じている人が大勢いるように思います。

誰にでも全員平等にその機会を与えなければならない、そう先生方は言いますが、実際は、一握りの人しかお金持ちにはなれません。全員が管理職や社長や大臣にはなれません。競争して勝たなければならず、その序列の世界には必ず、負ける人や損をする人がいるのです。負ける人や損をする人がいるから社会は成り立っているともいえるでしょう。

また、読み書きができるようになること、学力がつくことは、個人としてはいいことであっても、社会としては必ずしもいいことばかりではありません。それは、日本の地方都市の過疎化にも見られます。

地方に生活している学力の高い若者は、義務教育を終えると地元を出て、都会の高校や大学に進学します。より条件のよい就職先を探そうと思うと、そのまま都会に留《とど》まるか、場合によっては海外に行って、できれば大きな企業や先進的な仕事に就こうということになるでしょう。個人としては、自分の力を生かして、活躍できるところに住みたいし、お金も儲けたいと思うでしょう。そのほうが世間的にも出世、成功なのです。それにいったん都会に出てお金が稼げるようになり、便利な生活を体験してしまうと、地元の平板な生活、お互いの様子が丸見えの生活に戻るよりも、気楽な都会に留まったほうがいいと思うようになります。加えて若者ですから、都会で出会ったパートナーとそのまま同居して、双方が親族のいない都会で暮らし始める、ということにもなるでしょう。

　これは個人の幸せの一つの形です。でも、過疎地からすればこのような若者が多くなると、人口は流出し、限界集落（人口の半数以上が65歳以上になり、維持が困難になりつつある集落）になってしまいます。子どもたちの教育環境を整え、将来有望な若者を育てた結果として、地元の優秀な人材が流出し、産業が衰退してしまう可能性があるのです。町の人たちのエネルギーもどんどん枯渇していくのです。

　そうだとしたら、これからの日本社会で、真の意味で賢く、他者と共によい行いをする人々を育てていくためには、どうしたらいいのでしょうか。道徳、修身を教えることがそれを可能にすると考える人もいます。集団規範を身につけさせなければならないという議論も出てきます。でも、「道徳」や「集団規範」も成功した人たちの価値観に基づくものであることが少なくありません。

　子どもたちが読む教材は、偉人伝であったり下剋上の話であったり、逆に身分相応にという話であったりします。徳川家康も豊臣秀吉も織田信長も、日本の歴史上のヒーローの多くが、他の人たちを押しのけて、時には殺して、成功した男たちです。歴史は勝者が書くものなのです。そして、「成功した人たち」が大切だと思うこと、正義だと思うことを次世代に「教え込む」のですから、社会構造は固定したまま、ヒエラルキーのピラミッドはますます高くなり、格差は広がっていくのです。教える人の価値観が誤っていたら、「お国のために死になさい」も修身のマントラ（呪文）となることを考えると、ことはもう少し複雑そうです。

公教育は「共に生きる力」のために

さて、ここで再びキー・コンピテンシーの話題に戻ります。キー・コンピテンシーとは、「個人の成功」「社会の発展」の双方にとって価値があり、さまざまな課題に応えることのできる重要な汎用的能力のことでした。

しかし、キー・コンピテンシーはすべての人にとってという意味において汎用的な能力ではありません。たとえば、私たちの社会に欠かせない構成員である重度重複障害の子どもたちは、これらのコンピテンシーの有無とは関係なく存在そのものが深く大きい意味を持っています。私たちの共に生きる意味は何なのか、私たちは、自分とは違う存在の人たちによってこそ、自分の立ち位置を知ることができます。

公教育はすべての子どもたちの将来の可能性を追求するものですが、このような障害のある子どもたちはどう育つことが皆の幸せにつながるのでしょうか。どこに向かって育てるのかという点において、また、グローバルな人材育成モデルを全体、全員に当てはめるのかということに対して、私たちはセンシティブかつ慎重である必要があると思います。

つまり、教育においては、このようなコンピテンシーを持たない、持ちえない人々も尊重され、価値を低められることのない視点が必要だということです。コンピテンシーを持つことが最優先にされるべきではありません。

しかし実際のところ日本では、たとえば特別支援学校の生徒たちや学力不足と言われる生徒たちが、理解できない教科学習に相当の時間を割いています。これは、教育の目的が「本人の実質的な成長」にも「社会にとって意義ある存在を育てること」にもなっていないことを表しているのではないでしょうか。子どもたちは、社会で生活していくために役立つ力を身につけることが必要ですが、ずっと座ったままわからない授業を聞いていてもそのような力は身につきません。彼らが安全に社会に出ていけるようにするのが本来の教育の役割であることを改めて考えてほしいと思います。

先述のように、社会には経済的価値を生み出す仕事に就いている人たちもいれば、そうではないけれど社会に存在すること自体に意味のある人たちもいます。また、人生の時期や期間によっても、その人の仕事の仕方はさまざまです。たとえば子育てをする親は、子育て期間中に給料を得ることはないかもしれませんが、社会にとって重要な活動をしています。

したがって、自分たちの生きる社会を構成員全員がウェルビーイング（身体的、精神的、社会的に良好な状態）な社会にしようとするならば、経済的価値を生み出す人たちは、教育によって得た力を自分のためだけでなく社会全体への貢献のために使えるようになることが求められるでしょう。社会全体の安定は、個人主義では成り立たず、経済的な成功者に必要な力は、自分と異なる位置にいる経済的、社会的弱者の存在意義を認識し、配慮する誠実さであると思います。

競争は子どもを幸せにするか？

「競争させれば子どもたちは伸びる」という考え方があります。他者よりどれだけよい点を取るか、他者よりどれだけ抜きん出るかが大切で、他者に勝つことが幸せにつながると子どもたちを信じさせ、比較してみせ、子どもを競争に追い込んでいます。

しかし、この考え方は幸せをもたらすでしょうか。

競争というやり方が妥当かどうかを、日本の民話『さるかに合戦』で考えてみましょう。この寓話は、ずる賢いサルによって親を殺されたカニが、親の敵《かたき》をとるストーリーです。サルに比べて体の小さなカニは、「一人」では到底サルに太刀打ちできません。そこで、栗、臼、蜂、牛糞といったさまざまなタイプの仲間の力を借りてサルをやっつけます。

現在の日本の教育は、このカニ、栗、臼、蜂、牛糞といった個性的なメンバーに、一律に、国語や算数、英語を教えて仲間うちで競争させているかのようです。この「5人」を比較して並べてどうしようというのでしょう。

それで皆、幸せになれるでしょうか。それぞれが持っている個性を無視され、したくもない勉強をさせられ競争を強いられているとしたら、幸せとはいえないでしょう。

では、競争に勝ち抜いた者はどうでしょうか。

一握りの勝者が世の中を引っ張っていくという考えは、上下関係を作り出します。勝者が一生「上」の立場でい続けられるなら、それはそれで幸せかもしれません。しかし、勝者はいつも「下」に落ちてしまう可能性と不安を抱えています。自分より上になる者が現れるかもしれないので、常に「下」に落ちないための努力や策略が必要です。また、不慮の事故や天災などである日突然「下」になる可能性もあります。

一方、「下」になった者たちはどうでしょうか。

「上」の者は、「自分たちが引っ張っていくから心配するな」と胸を張って言うかもしれません。しかし人は、支えられるだけでは辛いのです。自分たちにも力があり、それを認められ、生かしているという実感がなければ幸せとはいえません。

生産性の面ではどうでしょうか。

カニ、栗、臼、蜂、牛糞のように、人はもともとそれぞれの個性を持っています。民話の中では、それぞれがそれぞれの力を発揮して敵討ちします。そもそもコミュニティというのは、多様な人たちがまぜこぜになること、それぞれができることを持ち寄ることで活性化するのです。

それぞれが持っている「力」には差があるでしょう。一人が持っている「力」はたかが知れているかもしれません。自分は何の力も持っていないと思っている人もいるかもしれません。

しかし、一番弱い立場にある人たちが、そこにいていいとエンパワーされ、自分たちにも力がある、できることがあると実感することで、そのコミュニティにとって必要なことを実現していく大きな力になっていくのです。

つまり、パーフェクトな人間が少数いるより、それぞれ違うコンピテンス（専門的能力）を持っている人が複数いたほうが新たな知が生まれる可能性があり、生産性は高まると考えられるのです。教育現場はこのことをもっと考えてもよいのではないでしょうか。

子どもたち一人ひとりを丁寧に見つめていくと、必ずそこには多様性があります。学校から比較と競争に基づく評価がなくなれば、もっと豊かさが生まれるように思います。

過度な期待に苦しむ現代家族

日本では明治時代以降、「立身出世」が教育の合言葉であって、今でもその傾向が残っています。多産のときにはそれでも全員が学力優秀に育つということは求められておらず、後継ぎとして期待された長男以外はさまざまな立場で社会を構成していました。

しかし、核家族化、少子化、産業の高度化が進行し、経済格差が広がる中で、多くの親は、自分の少数の子どもが将来安定した生活を送れるか、他に後れを取らないかと不安に思うようになりました。先行き不透明な社会に対して子どもの幸せをどう実現すればいいのか迷い、今や多くの大人たちが、地方の女子であっても少しでも安心できるように、学力や運動能力を上げ資格を取っておいたほうがいいと考えます。

そうして子どもたちは、まるで商品のように並べられるようになりました。一定の規格で選別され、その価値によって違うベルトに乗せられて出荷されていくようです。

大人の強い期待を受けた子どもたちの中には、期待に応えられる優等生たちもいますが、そうではない子も大勢います。一攫千金や詐欺、嘘の横行する大人社会の情報がメディアから日々流れてくる時代に、努力や真面目さの意義に疑念を抱いて一過性の楽しさや盛り上がりを求める子どもたちが出てくるのは必然でしょう。中には「関係ねぇ、うぜぇ」と反発したり、「無気力・無関心」に陥っていったりする子どもたちも現れました。

大人社会や学校教育に反発するエネルギーのある子どもたちが一時期、校内暴力などを起こしましたが、結局は大人たちに抑え込まれ、その後は全体として子どもたちが大人しくなって、不登校、引きこもり、陰湿ないじめの数が増え、自殺も増加しています。

低年齢化は先行投資の証？

さて、一方で家庭教育を見てみると、こちらも大きく変化しています。

地域社会があった頃は「親はなくとも子は育つ」と言われましたが、1980年代に入ると『母原病』（久徳重盛、サンマーク出版）という言葉が流布し、子どもの育ち方は親次第であると言われるようになります。地域社会の子育て機能が失われ、家庭がその全責任を負うようになり、親の社会・経済的地位や年収が子どもの学力と相関するという研究も発表されて、ことはより深刻になっています。

親の経済状況や育て方が子どもの学力格差や育ち方につながると聞けば、親は何とかお金や手間をかけてよりよい環境で子どもを育てたいと思うでしょう。より早い時期からのお受験や塾通い、スポーツクラブや英語教室、ヒップホップ教室通いなど、あらゆる分野、場面において、競争的な環境は低年齢化していきました。

冒頭でも述べた中高一貫校には、よりよい学習環境を求める受験生が殺到し、日本

図２　子どもの数と１人あたりの年間教育費

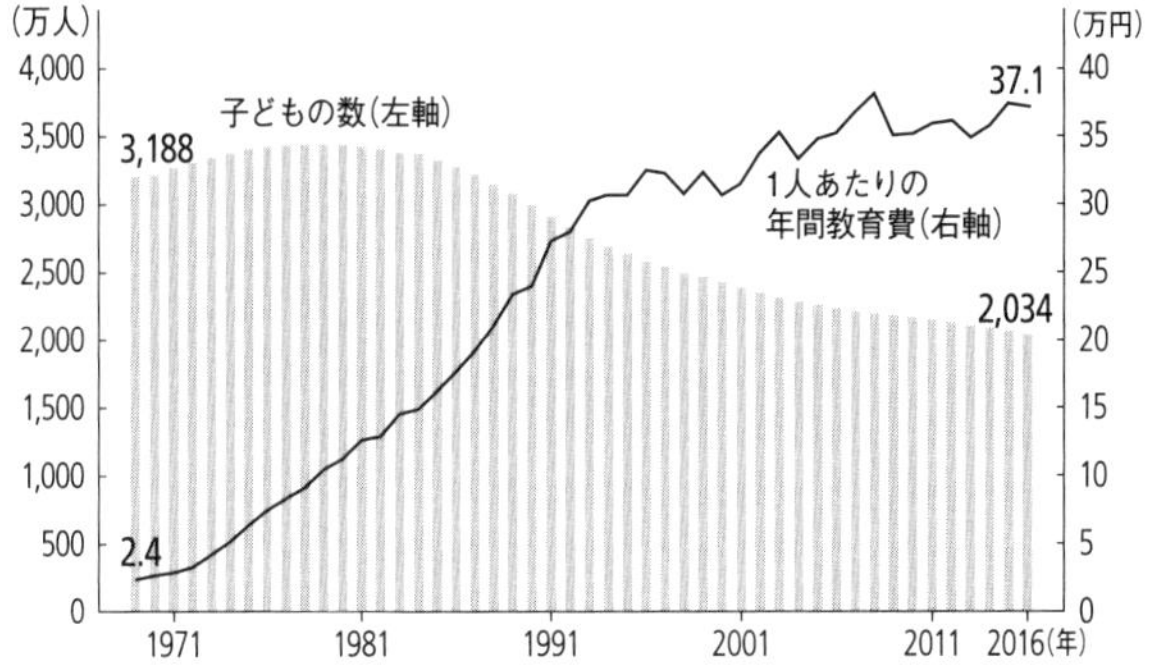

『経済のプリズム』(2018年7月号、参議院調査室)より

「子ども」とは0〜18歳を指す。また年間教育費は「一世帯あたりの教育費×全世帯数／子どもの数。

各地で中学受験の低年齢化、親による子への教育虐待の現象が悪化する結果を生んでいます。これは、教育成果への先行投資が生んだものと言ってもいいでしょう。

親は、学校の機能として、子どもの学力向上、受験への配慮をより強く求めるようになりました。偏差値でランキングされ、合格者数の多い学校に受験生が集まる状況の中では、学校側も点が取れる教育を推進することが大切になります。学力もスポーツも成績でクラス分けされることが珍しくなく、教員も子どもたちの成績を気にかけなければなりません。

百マス計算のように丸暗記であってもテストで点が取れることが大切になり、PISAテストでさえ、国として順位を上げるために「思考力を測る問題の対策」が考えられるようになったのです。

子どもに教育投資するため、親は団らんの時間を減らして共働きし、教育ローンを組み、最終的にはその成果を、成人後に「優れた子を育てた親」というラベルを得ることで回収しようとすることにもなります。

受験に成功した子を持つ親による子育て指南書が何万部も売れる一方で、成人を過ぎた著名人の子が問題を起こすと育てた親が糾弾され謝罪するという現象も生まれました。

非認知能力も獲得させるものに

さてそのような中で、最近は新しい動きがあります。学力だけではどうも人としての発達に問題があるらしいとようやく人々が気づき始めたのです。

日本でも、非認知能力というキーワードが注目されるようになりました。そして今度は「丸暗記による学力は剝落する。遊びを通じて非認知能力の高い、思考能力やコミュニケーション能力に秀でた真に優れた子どもを育てよう」という流れが生じ始めました。

海外では自然豊かな国に贅《ぜい》をつくした学校が建築され、そこに日本を始めとした世界各国から裕福な家族が移住する現象が生まれています。日本の学校教育の中でも遊びの要素を取り入れてゲーム感覚で楽しく学べる環境を作ろうという主張が出てきたり、企業やスポーツ団体が親にとって魅力的な有料の遊び場を作り始めたり、自治体がそれらに資金投入したりしています。

「楽しく遊ばせ、学ばせる」ことで、子どもの発達を促し、将来高く売れる人間を作ろうという大人の思惑が、これらの動きの中に見え隠れするのです。子どもたちは、先が見える賢明な大人たちによって、一日の大半を「(〇〇のために) プログラミングされたさまざまな優れた活動」をして「楽しく有意義に」過ごすよう促されるわけです。

この傾向は、乳幼児の子育てにも影響を及ぼしています。

２０１１年の東日本大震災後、放射線の影響を受けにくい屋内型の大きな遊び場が行政主導の民間委託で作られるようになりました。親子で車に乗って出かけていくそれらの遊び場には、高価な大型遊具が据え付けられ、遊びを指導しさまざまな力を育成し安全を管理するスタッフが配置されています。有料施設の場合は、子どもがあと10分間遊びたいというときその延長料金を100円取るところもあります。

第4章で詳述しますが、現代の遊びは、子どもの成長のための知育プログラムになりました。空き地や道路が遊び場でなくなり、家の周りで自由に遊ぶことが難しい今、遊ぶ環境も親がお金で買う時代になりつつあるのです。

さらに管理に向かう大人たち

かつて町の中で自由に遊んでいた子どもたちは、今は道路の危険と空き地の宅地化、迷惑行為の防止という理由で、幼・保・こども園、放課後こども教室や放課後児童クラブというういわばゲーテッド・コミュニティ（門によって外部と隔てられ、中にいる特権階級の安全を確保する生活の場）に囲い込まれました。登録して時間で管理され、安全な屋内に留まって遊び、帰りは商店街や近隣地域の多様な大人たちとのおしゃべりも道草もせず、一目散に帰宅することを余儀なくされています。

遊びまでも管理されるようになった子どもたちは、モバイル機器の中に、大人の目

図３　新学期が始まる日の自殺数の多さ

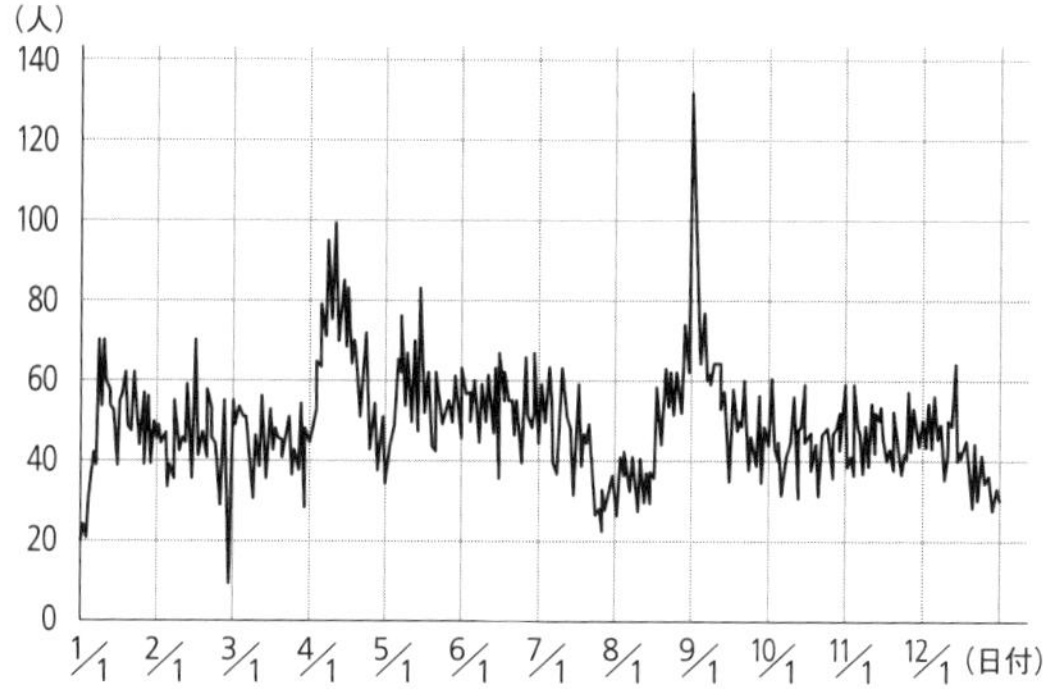

『自殺対策白書』(厚生労働省、平成27年版)より

新学期の始まる時期や、休み明けの自殺増加が顕著にみられる。

の届かない、自由で主体的になれて他者と交流できる居場所を見つけ、その中で探求心を満たし達成感を得ています。そこには依存の問題が隠れているのですが、その危険についての十分な情報は子どもたちに伝えられていません。

さて、子どもたちが自分の生きる世界を理解し把握するために学びたいという、真の人としての成長発達のニーズではなく、大人の将来への不安や欲望から強制的に学ばせられる状態のことを、私は「エデュケーショナル・マルトリートメント」と名付けました。これは、親による教育虐待だけではなく、社会全体の歪《ゆが》んだ教育観によってなされる、大人たちから子どもたちへの不適切な行為のことです。

今の日本では、「教育」という名の下に、子どもたちに対して不適切な行為がなされている、私はそう考えています。

マルトリートメント（日本語では時に「虐待」と訳されます）と言うのは言いすぎではないかという指摘がありますので、一つ象徴的な事象を挙げておきましょう。新学期が始まる日の自殺数の多さです。

学校に行くということが、子どもたちに死に匹敵する恐怖や不安感を与えています。その原因を、特定の生徒とその仲間によるいじめに起因すると帰結するのは短絡的でしょう。そこにはいじめを生み出し容認する学校教育や、社会の価値観、社会システムの構造的な問題があるからです。

次章では、このエデュケーショナル・マルトリートメントについて詳しく考えていきます。

表４　小・中・高校生の自殺動機

		人数				
		小	中	高	小中高	%値
家族問題	親子関係の不和	6	51	104	161	8.9
	その他家族関係の不和	3	13	42	58	3.2
	家族の死亡	0	1	11	12	0.7
	家族の将来悲観	0	6	9	15	0.8
	家族からのしつけ・叱責	11	62	48	121	6.7
	被虐待	0	0	2	2	0.1
	その他	3	8	29	40	2.2
健康問題	身体の病気	0	5	30	35	1.9
	うつ病	0	13	87	100	5.6
	統合失調症	0	2	26	28	1.6
	薬物乱用	0	0	3	3	0.2
	その他の精神疾患	1	37	97	135	7.5
	身体障害の悩み	0	3	4	7	0.4
	その他	1	7	17	25	1.4
経済・生活問題	就職失敗その他	0	0	23	23	1.4
勤務問題	仕事の失敗その他	0	0	9	9	0.5
男女問題	失恋・交際の悩み他	0	15	114	129	7.2
学校問題	入試に関する悩み	0	31	63	94	5.2
	その他進路に関する悩み	4	36	148	188	10.4
	学業不振	7	58	145	210	11.7
	教師との人間関係	0	7	9	16	0.9
	いじめ	1	12	4	17	0.9
	その他学友との不和	5	33	63	101	5.6
	その他	1	39	73	113	6.3
その他	犯罪発覚等	0	7	12	19	1.1
	犯罪被害	0	1	2	3	0.2
	後追い	0	1	3	4	0.2
	孤独感	0	10	29	39	2.2
	その他	1	31	61	93	5.2
	合計	**44**	**489**	**1,267**	**1,800**	**100.0**
	自殺の実数	**52**	**583**	**1,309**	**1,944**	

自殺した児童・生徒の明らかに推定できる自殺原因・動機を３つまで計上した延べ数。警察庁平成28年～令和2年中における自殺の状況（付録）より筆者作成。

第2章 不適切な日本の養育・教育

不登校、引きこもりは教育が不適切だから

大学の研究員として、あるいは個人として、私はカナダ、オランダに長期滞在した他、欧州、北米中南米、アジア、アフリカなどの40か国近くを訪問してきました。滞在の際は子どもたちを現地の保育園や公立学校に入れ、クラスメイトたちの家族と交流し、またできる限り、学校、保育園などの教育関連施設や子どものいる家庭を訪問しました。世界のさまざまな養育・教育環境を内側から見ることで、日本の子どもたちの環境を考える際の視点を幅広く多く持ちたかったからです。

当然、それぞれの国にはよいところも課題もあって、家庭や園や学校や先生によって子どもたちの表情や動きも異なり、単純にどこの国の何がいいといえるものではありません。しかし、そこで出会った子どもたちに10年後20年後に再会して、日本が学ぶべき点はどこにあるかという視点で見たとき、いろいろなことが指摘できます。特に日本特有の不登校や引きこもり、自殺の状況は看過できませんし、睡眠時間や休憩時間の少なさ、受け身の授業や宿題や塾通いの多さ、評価や受験のシステムなど、比較の中から見直すべきところが多くあることが見えてきます。

もちろん、日本の養育や教育のよいところは維持する必要があるでしょう。海外に

いると、調和や礼儀を大切にする日本の教育から学びたいと言われることもしばしばありました。統率力のある先生になるにはどうしたらいいのでしょうと聞かれたこともあります。子どもたちの超自我（ケアしてくれる大人の持つ規律・禁止事項を自分の中に取り込んだもの）を強くして集団の和が保たれるようにすることは、子どもたちの尊厳を保つ上で自我（自分で自分らしく自分のことを決定していく力）の発達に十分、配慮する限りにおいては大切なことです。自分を高めるために辛いことを我慢したり、困難にあっても乗り越える精神力をつけたり、自分の欲求を自制したりすることが、社会に出る準備として大事だと考える人もいるでしょう。

しかし、それが行きすぎて、たくさんの子どもたちが、そして教員たちもまた行きたくなくなるような、うつ状態になるような、希望を失って死や退職を選ぶような場である学校が存在しています。自分で移動・転出できない子どもにとっては、たまたま出会ってしまったその環境がすべてですから、そういう子どもたちをどう救い、支えるかを考えていかなければなりません。うつ状態を生み出す場、死をもたらす場の価値観がマルトリートメントを生み出しているのです。

第１章の最後に書いた「エデュケーショナル・マルトリートメント」という言葉と

その概念は、２０１０年に私がヨーロッパ教師教育学会の年次大会における発表に際して、日本の教育状況を説明するために作ったものです。そこで、この章では、この言葉について説明し、さらに社会的に子どもに対するマルトリートメントが継続しているのはなぜか考えていきたいと思います。

国連からも指摘される日本の教育の問題点

同じ「虐待」と訳されることのある言葉でも、「マルトリートメント（mal-treatment）＝不適当な、よくない＋扱い方、待遇」は「アビューズ（ab-use）＝力の濫用」とは異なり、大人から子どもへの不適切な関わりを示す、より広い概念です。

そもそも、日本の学校教育の過剰な競争性の問題や強制的な勉強の悪弊は、国連子どもの権利委員会から継続して指摘されており、１９９８年を皮切りに、２００４年、２０１０年と継続的に改善を求められてきました。大人たちから子どもたちへのこのような不適切な関わりを、私はマルトリートメントと捉えています。しかし、日本人は現在の教育の状況に慣れきっていて、海外から指摘されてもマルトリートメントが存在する状況に危機感を持てません。

私はこのことを問題提起しようと考えましたが、日本の教育そのものが子どもに対するマルトリートメントになっていると指摘することは、あまりにセンセーショナルに受け止められかねないと思いました。それに、エデュケーショナル・マルトリートメントというカタカナ語は、日本人にとっては長くて意味が伝わりにくいでしょう。わかりやすく伝えるという意味においては、「教育虐待」のほうが手っ取り早いのですが、日本では、児童虐待といえば、「児童虐待の防止等に関する法律第2条」において、「保護者（親権を行う者、未成年後見人その他の者で、児童を現に監護するものをいう）がその監護する児童（18歳に満たない者をいう）について行う、次に掲げる行為をいう」と定義づけられています。そのため、教育虐待という言葉の意味は「親による過度の教育」という意味になってしまいます。

私の伝えたいエデュケーショナル・マルトリートメントという概念は、親や教員という個人の責任追及のための概念ではなく、社会の価値観が生む現象として、社会全体で対応に取り組み始めるきっかけとなる概念として広がらなくてはなりません。

適切な言葉を探しつつ、私は２０１１年の日本子ども虐待防止学会第17回学術集会茨城大会「子ども虐待の予防を考える」において、「教育をめぐるマルトリートメント」というタイトルで3回連続シンポジウムを開催したり、中学や高校の養護教諭を対象とした「中学・高校保健ニュース」(『体と心　保健総合大百科』、少年写真新聞社、2014年)に「今、考えたい教育による虐待」という連載記事を書いたりして問題提起をしました。しかし残念ながら、教育をめぐるマルトリートメントが社会問題であるという考え方はなかなか受け入れられず、親が問題であるという「教育虐待」という言葉が独り歩きし始めたのです。

この間、いろいろなメディアから取材を受け文章も書きましたが、いずれも「教育虐待」の文脈での依頼で、エデュケーショナル・マルトリートメントという概念を改めて公に書く機会を得たのは、再び養護教諭対象の雑誌『健康教室』(2019年11月号、東山書房)誌上においてでした。学校内で子どもたちの精神的健康を気遣う養護教諭の皆さんに関心を持っていただけたのは幸いでした。

どこからが虐待なのか

ではもう少し、この概念を詳しく説明していきたいと思います。

エデュケーショナル・マルトリートメントという概念は、原則として、家庭教育・

幼児教育・学校教育・放課後の教育など、子どもの教育全般に用いることのできる概念です。

59ページの図5を見てください。図の左半分が親・保護者から、右半分が社会的なマルトリートメントを、また図の上半分が虐待（アビューズ）、下半分がネグレクトを表しています。

エデュケーショナル・マルトリートメントとなる行為は、大人が子どもを育てるために役立つ行為だと信じているか、一時的にやむを得ないことだと考えているか、そうする以外に方法を知らない、あるいはないと思い込んでいる行為です。子どもに対する共感性が不足し、人権を尊重しない行為ですが、長年、文化に組み込まれ頻繁にみられることなので、その行為の重大な侵襲性に気づくことが難しいのです。エデュケーショナル・マルトリートメントは、力を持たない子どもの立場に身を置いて振り返ることのできない「教育熱心な」大人が起こしやすいマルトリートメントなのです。

図中に例を挙げましたが、たとえば、

・勉強や宿題の時間を過度に優先して、子どもが遊んだり休憩したり睡眠をとったりする時間を剝奪し、健康と発達を阻害する。

・子どもたちが苦痛なほどつまらない授業を続け、主体的に学ぶ場を与えない。
・勉強についていけない子どもに配慮しないまま、ずっと椅子に座らせておく。
・問題行動を起こす子どもを人前で頭ごなしに叱責する。

などは、エデュケーショナル・マルトリートメントといえるでしょう。

そして、エデュケーショナル・マルトリートメントの中でも、親による「子どもの心身が耐えられる限界（受忍限度）を超えて教育を強制すること」を特に狭義の教育虐待と呼び、教育ネグレクトと合わせて広義の教育虐待と呼びます。

たとえば、小さい頃から英才教育を受けてオリンピック選手をめざす人たちの中には、厳しい練習に耐えてオリンピック選手になる人もいます。自分の商品化に成功した人たちです。それは本人が納得している限り、虐待とは言いません。

また、子どもを4人揃って東大医学部に入れたことで有名な佐藤亮子さんも、子どもたちは相当に勉強してきているのだけれども勉強を負担と感じていなかったようです。子どもたちが勉強を受け入れている限りにおいて問題ないのです。でも同じようなことをしても、子どもが耐えられない方法を用いれば虐待となります。

名古屋小六受験殺人事件は、まさに教育虐待の事例といえるものでした。これは

図５　大人から子どもへのマルトリートメント

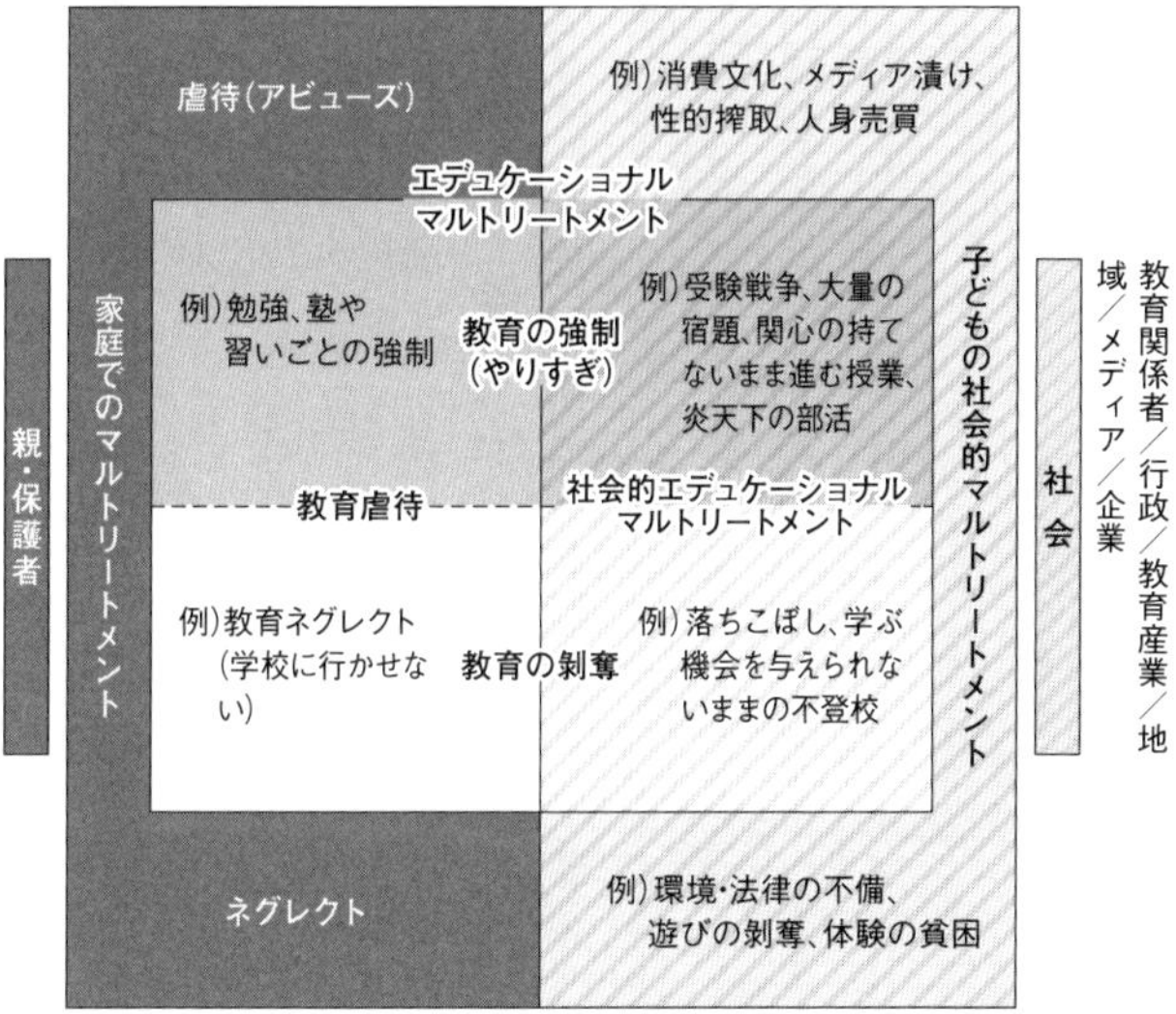

筆者作成

図の左半分が、従来、虐待やネグレクトと呼ばれてきた「家庭における保護者からのマルトリートメント」。一方、本書で新しく指摘しているのは、右半分にあたる「社会的なマルトリートメント」である。また、図の上半分が虐待(アビューズ)、下半分がネグレクトにあたる。

内側の四角に示したのが、広義のエデュケーショナル・マルトリートメントで、左半分(行為者が親)が「教育虐待」、右半分が社会的な文脈で起きている狭義のエデュケーショナル・マルトリートメントとなる。図示したように、ここも上下に分かれ、上半分が「教育の強制」(やりすぎ教育)、下半分は「教育の剝奪」、つまり教育を受けさせない場合を表している。図中にそれぞれの例示をあげた。

2016年の夏、同市に在住の父親が小6の息子を包丁で脅しながら勉強させ、失血死させた事件です。事件の臨床心理学的な解説をnoteに書いたので参照していただきたいですが（https://note.com/nobukot/n/n6a13ba60db75）、この父親もその父親から包丁で脅されて勉強していて、それでも志望校に入れず今の状況に甘んじているという背景がありました。欠陥商品と親にさげすまれた自分の代わりに子どもこそは立派な商品にしたいと一所懸命教えているうちにコントロールが利かなくなって殺してしまったというやりきれない事件です。

メディアは虐待事件があるとひどい親だと報道するのですが、そういう事件には必ず背景があって、そこに関わっている人の生育環境や生活環境を分析すると理解、場合によっては共感さえできるということをきちんと説明したいと思って書きました。この話は教育虐待の話ですが、エデュケーショナル・マルトリートメントも同じです。糾弾だけでは次の事件の予防につながりません。そこには背景があるのです。

教育熱心と教育虐待、そして教育の剥奪

さて、このような事件が起き、教育虐待という言葉が巷間《こうかん》に流布し始めたことで、

自分のふるまいはどうなのだろうと不安になる方がいるかもしれません。教育熱心と教育虐待の違いについて説明しておきましょう。

図6（63ページ）を見てください。一般的に、親は一所懸命に家族や子どもをよりよい状態にしたいと思います。教育熱心な親は、子どもの将来の幸せを望んで、子どもの発達段階や性格や特徴に合わせてどのような教育環境を与えるか考えます。ところが、「子どもをうまく育てたい」という思いが、他の親子の成功に刺激されるなどすると、比較や競争心が生じ、「子育てに成功する親になりたい」「自分が承認されたい」という思いに変化していくことがあります。パートナーや親類からの圧力も変化の動因となりがちです。そして、「子どもはまだ判断力がないから親の自分が統制してやらせなければ成功はおぼつかない」と必死になり、思うように成果を上げるためには「将来のために今を犠牲にするのは仕方がない」「このままでは子どもが不幸になる」とエスカレートしてしまいます。もはや子どもの苦しさは「我慢すべきもの」、子どもが伸びないのは「自分の敗北」、子どもが休んでいると「焦燥感にかられる」ようになってしまいます。

教育虐待をする親は心の底に将来への不安感や自分への不全感、劣等感を持っているのです。自分が同じことを誰かにされたらどれほど不自由で辛いかを考える余裕はなく、むしろ逆に自分がそうしてでも成功させてもらえていたら幸せになっていたに違いないと思うことすらあります。熱心さと虐待に明確な区分があるわけではなく、殴る蹴るというような明白な身体的虐待はまれであるとしても、休憩時間や睡眠時間や行動の制限、過度な要求をし始めたら要注意です。また、いつも子どもにプレッシャーをかけ続け、ほめたり叱ったりして子どもの欲求をコントロールし続けると、それがボディブローのように子どもに効いてストレスになっていくこともあります。

一方、教育の剝奪というのは、子どもの教育を十分にしない、する力がない、機会を与えない、必要性を感じていない、自分もきちんと育てられた体験がないという人たちによってなされます。近年では、学校教育に強い不信感を抱いて学校に行きたい子どもを学校に行かせず代替手段も用意しないという事例もあるようです。教育の剝奪の場合、子どもは自分で学びの場を作ることができず、学校での友人を作ることもできず、成長することができません。

実は教育の剝奪は学校でも起きています。クラスに教員の言うことを聞かない生徒や気に食わない生徒がいたときに、その生徒を無視したり、勉強ができない生徒を端

図６　教育熱心と教育虐待のボーダーライン

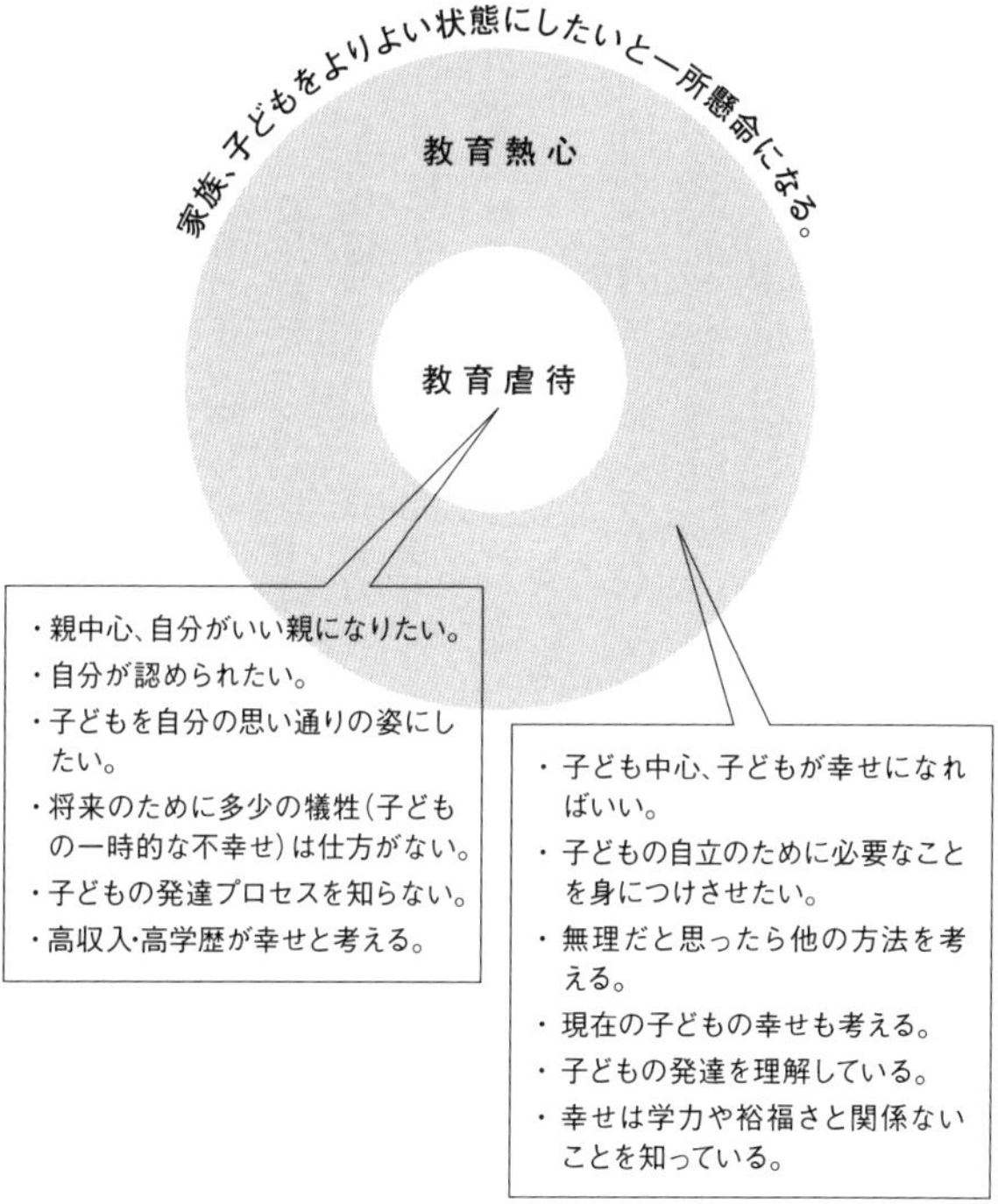
家族、子どもをよりよい状態にしたいと一所懸命になる。
教育熱心
教育虐待
・親中心、自分がいい親になりたい。
・自分が認められたい。
・子どもを自分の思い通りの姿にしたい。
・将来のために多少の犠牲（子どもの一時的な不幸せ）は仕方がない。
・子どもの発達プロセスを知らない。
・高収入･高学歴が幸せと考える。
・子ども中心、子どもが幸せになればいい。
・子どもの自立のために必要なことを身につけさせたい。
・無理だと思ったら他の方法を考える。
・現在の子どもの幸せも考える。
・子どもの発達を理解している。
・幸せは学力や裕福さと関係ないことを知っている。

筆者作成

「教育熱心」と「教育虐待」に明白な区分があるのではなく、「教育熱心」の中に「教育虐待」が含まれています。

に座らせたままフォローしないで放置したりしている状態は教育の剝奪といえるでしょう。大人の場合、オフィスの端に机を置かれて、出社してから一日仕事を与えられずにここで座っていなさいと言われたらとても耐えられないでしょう。学校の場合はそれが年間200日、何年続いても誰からも助けられないのです。同級生が勉強している中で、勉強がわからない生徒が、練り消しゴムをいじることもおしゃべりも許されないまま我慢させられているのは、一般的な光景かもしれませんが、このような視点からみるとネグレクトの状態になっているといえます。

実は不登校も、代替の学びの機会がない場合、教育の剝奪状態の継続といえるでしょう。オルタナティブな教育が認められるようになるまでの長い間、憲法第26条の教育を受ける権利は、不登校の子どもたちに保障されていませんでした。

たとえ親や教員に多少問題があっても、多様な価値観を持つ多彩な人々が周辺にいて、子どもにいろいろな形で接してくれていれば、子どもはその中から自分が真似したい大人の行動を適宜選んでいけます。特に期待しないけれど子どもを気にかけてくれている人間が周囲に多くいるというのはとても大事なことです。

このように、マルトリートメントという言葉だけを聞いた人は、不適切な言動をする個人に問題があると思いがちですが、個人が悪いといっても解決にはつながらず、個人がどんなに偏りのある人間でも、周りの人が子どもを支えることでセーフティネットが働き、子どもの発達がどうにかなる社会を作りましょうというのが、私の主張なのです。

第1章で、子どもを社会の流れから取り残されないように育てようとする大人の想いや不安が子どもの商品化を生み、子どもの商品化は子どもへのマルトリートメントになるということを書きました。そこで、ここからは、子ども想いの大人たちがなぜ商品化という子どもに対するマルトリートメントを継続してしまうのかについて考えていきたいと思います。理由として考えられることはいろいろありますが、大きく次の10項目が挙げられると考えています。

1　将来への生活不安と大人の責任の呪縛
2　生涯発達の観点の不在
3　個人に帰する能力観
4　即戦力社会の弊害

5　子どもの人権に対する無知
6　停滞や失敗を無駄と考える価値観
7　女性差別と代理競争
8　時代の変化についていけない学校教育
9　臨床心理学や精神医学による問題提起の不在
10　社会構造へのアプローチの必要性の認識不足

一つずつ、見ていきましょう。

将来への生活不安と大人の責任の呪縛

「あの人お金持ちだね、すごいね」と人は言います。何がすごいと思うのでしょうか。お金持ちになるにはいろいろな方法があります。もちろんこつこつと誠実に働いて貯めてお金持ちになる人もいるでしょう。でもたまたま時流に乗ったとか、家賃収入で入ってくるとか、人をだますとか、方法はさまざまなのです。発展途上国に行くと数百円で1か月暮らす人たちがいるのですが、日本人が彼らより偉いわけではありません。でも、私たちは価値をお金で換算する癖をつけてしまいました。お金やモノを持っている人のほうが偉いように思う錯覚の中に生きていて、子どもたちがより多くお金を持てるように育てようとしています。将来、お金がなくなることが不安なのです。

日本は有数の長寿国で高齢化社会に入りました。これから歳を重ねたとき、年金が下りるかどうかもわからないと言われています。経済的格差が激しくなり、非正規雇用で生活不安を抱える層が増える中で、企業のヒエラルキーは依然として存在し、学歴、言い換えれば「大学を通した人間関係のネットワーク」を持っている者が有利になるという現実があります。あるいは、学士を始めとした資格を持っていることが、個人のブランディングとなります。よい学校に入ってよい仲間とつながっておくこと、入学試験で選ばれたという実績と学士や検定などの「資格」を持っておくことが、生き残り選抜の際に役立つはずだと大人たちが考えるのも無理はないでしょう。

そのようなわけで、親たちは、より幼いときから子どもたちを親の敷くレールに乗せて、生活保障につなげようと考えます。まだ親の力が及んで言うことを聞く幼少期に、勉強の習慣をつけ、おもちゃやお菓子、ほめ言葉といった報酬を与えながら塾に通わせ、子ども自身の努力よりもむしろ親を含む環境の力で「いいレール」に乗せてしまうことが、親の務めだと考えるのです。

先生たちはこういう親の気持ちが理解できるために、とまどいながらもその願いを叶えて進路を保障するのが教員の役割であると思ってしまいます。学校が塾化していくのは、学力を上げて親子の望む進路に行かせてあげるのが先生の仕事だと思うからでしょう。受験戦争に勝たせてあげることが教員のできる愛情の示し方だと思うの当然といえば当然かもしれません。それが「いい先生」と親子から感謝される道筋でもあるのです。そして、実際のところ、望む進路に行ける可能性の高い学校の志願率が高くなり、そういう学校は受験料を稼ぐことができるのです。

生涯発達の観点の不在

「みんな違ってみんないい」という言葉がはやる一方で、日本では、月齢で発達の目安が示され、年齢で一斉に進学が決まります。学校教育においては同じ時期に同じことを全国で一斉に進めていくことが求められています。これは必ずしも世界標準ではありません。

人は生涯かけて成長していくもので、受験や就職はゴールではないはずです。でも、商品は高値のときに高く売るのが、商売の鉄則です。日本の社会においては、そのタイミングで最適に仕上がるようにしなければ、仲間から乗り遅れてしまうかもしれません。人の発達の進み方には個人差がありますが、個人差で後れを取るわけにはいかないというわけです。

たとえば入試において、あるいは所得において、非認知能力において、早生まれは不利で、４～６月生まれが有利だという近年の労働経済学の研究があります。同様の研究結果が出ていることを私は35年ほど前に教育心理学の先生にうかがいましたが、そのとき同時に、この結果は公表すると親たちが産み月を調整するかもしれないから公表されないのだと耳打ちされました。このように、日本の大人たちは、子どもをベストな時期に出荷するのが得策だと考えてしまうようなのです。

ここで、教育を生涯学習の発想で考えるデンマークのことをご紹介しましょう。デンマークでは、日本でいう小・中９年間の最終学年である９年生まで子どもたちの成績を比較するようなテストは実施されません。また10年生に進学するかどうかは自分で決められます。９年生を終えた後、もう１年学校に残るかどうかを自分で決めて、その上で必要があれば高校や専門学校に進学します。中学卒業と同時に高校進学するという慣習がないのです。

このことを聞いたある日本人学生が、デンマーク人に「受験勉強を1年しなかったら、受験に不利になりませんか?」と質問しました。質問を受けたデンマーク人は鳩が豆鉄砲を食らったように驚いた後で笑って、「1年で落ちてしまうような学力を入試で測ってどうするのですか」と逆に学生に聞いたのでした。

個人に帰する能力観

1回限りの学力テストに全力投球できるかどうかも含めてその人の力であるとみなされるのが日本の受験システムです。受験生は、冬の寒い時期に風邪をひかないように生活し、事故に遭遇して遅刻することのないように複数のルートを確認し、その一度きりの機会に最高の力が発揮できるように最善の準備をしなければなりません。そういう配慮をしてくれる家族がいる受験生と、一人で受験しなければならない受験生では、結果が違ってくることもあるでしょうが、それも含めて「受験の条件を全国同一にすることで平等とみなす」わけです。日本の最高学府である大学の教授たちによる旧センター試験の監督は、マニュアル通りに一字一句文言を変えず、受験生に対して情状を挟まず、自分の頭で思考せずロボットのように同じことを繰り返すよう求められます。工場の生産ラインと同じです。

一方、学力だけではガリ勉した者が有利になり、合格後に対人関係に問題が生じる可能性もあるということから、「面接で対人コミュニケーションの能力を審査しましょう」、あるいは、「1回の学力試験や面接では対人関係能力はわからないから、運動部の主将や、大人数の部活やイベントを取り仕切っていた生徒を推薦で取りましょう」ということになります。

推薦入試では、過去の対人関係や役職経験、活動成果が問われますが、それをさらに精緻化し多軸化したシステムが、序章で述べたeポートフォリオやその小中高校生版であるキャリアパスポートの活用です。その結果、近年の子どもたちは、幼少期から記憶力や理解力に加えて探究力や思考力、さらには非認知能力を身につけるように、そのためのトレーニングを受けることになりました。

以前、数十名の学生が教員採用試験に向けて面接練習をしている大学の授業を見学したことがあります。ロールプレイの後に、要領を押さえた回答内容と回答方法のポイントを教わり、もう一度、笑顔で好印象を作って面接に臨む練習を繰り返していたその大学の教育学部は、その地方で一番教員採用試験合格率が高く、そのために入学志望者が増加しているとのことでした。まるで検品から個包装して出荷するプロセスを見せていただいたようでした。

このように、足りない栄養素をサプリメントで補給するような、人間の能力を限定的に捉える発想が、大人たちの予測を超えた子どもたちの全方位に向かう可能性を阻害しないように願うばかりです。

即戦力社会の弊害

さて、これらの選抜方法はいずれも、「能力は個人の持ち物である」という考え方に基づいています。しかし、人の能力はその人の所与のものでしょうか。

ある職場でなかなか芽が出なかった人が、他の部署に配属になり、上司や部下に恵まれていい仕事をするということはよくあります。家族に病人が出れば、パフォーマンスが一時的に下がるかもしれませんし、恋人ができてパフォーマンスが上がる人もいます。つまり、能力は有機的な関係性の中で発揮されるものなのです。能力が発揮できるかどうかは、周辺環境に左右されるものと考えれば、その環境をどう整えるかが課題と認識されるでしょう。

また、機能している組織においては、一人ひとりが持つ基礎的な力に加えて、オンザジョブで時間をかけて専門性が醸成されていき、組織全体としてのパフォーマンスが上がっていきます。日本において終身雇用制が継続していたのは、この機能が有効だったからです。

しかし、短期的な結果が重要で、即戦力を必要とする今の社会においては、組織の中で人が育つのを待つことはできず、学校教育で育成された人材を雇用するか、他の組織で育った人材を中途採用するしかありません。仕事を始めてから徐々に力をつけていく家族経営の会社や農林水産業、技術職を選ぶのではない限り、雇用される側としては、個人の能力を幅広い分野にわたって上げておき、選抜される可能性を高めて準備しておくしかないということになります。より自分に自信があれば、すぐに起業するということになりますが、それはリスクが高く誰にでもできることではありません。

さらに就職後は、組織の中でよりよい成果を出さなければならないという競争とプレッシャーが待っています。組織内部のストレスも残業も増え、時にはハラスメントも横行し、組織内での対人関係を維持するよりも、よりよい条件を求めて転職したほうがよいという考え方が増えていきます。そういう社会の中で負荷をかけられながら生活している大人たちが、自分の子どもにはより高い価値をつけて社会に出してあげたいと思うのは当然でしょう。

子どもの人権に対する無知

子どもには人権があります。その中には、自分のことについて、大人に意見を聞かれる権利もあります。女性に人権があると知られなかった時代が日本でも長く続いていて、今もなお、その権利が十分に保障されていませんが、日本ではさらに、子どもに人権があるということが知られていません。11月20日の「世界子どもの日」には、世界各国で、学校や地域や家庭で子どもたちが子どもの権利条約について学びますが、日本では大人がそのことを知らないために、子どもたちに伝えられていないのです。

子どもと日々の生活を過ごしていく際には、たとえ、子どもの持つ知識や情報が少なくて、子どもが誤った判断をしているとしても、まずしっかりと対話して子どもの主張を聞き、気持ちや欲求を知り、大人の知っている適切な情報を提供しつつ、一緒に合意点を探していくというプロセスが大切にされなければなりません。相手の身になる、共感する、とはよく言われることですが、これはなかなか難しいことです。子どものためにと一所懸命になっているうちに、子ども自身が何を感じているか、どうしたいかに注意が回らなくなることは珍しくありません。大人と子どもの会話では、「なるほど、そうだね、でも……」と、「でも」の部分が膨らんで、「なるほど」の部分は押しやられてしまいます。

もし目の前にいる子どもが感情や欲求を持つ一人の人間であるということが十分に認識されていれば、また子どもにも人権があり、それを尊重することが必要であると理解していれば、子どもが嫌だと言ったらその気持ちに寄り添い理解し、対応しようとするはずです。しかし、子どもをまるで人形のように自分の所有物だと思って、自分と同じ感情や欲求があるということに気づかない大人が少なからず存在します。

あるいはむしろ、そういうことが頭で理解できていても、自分の生活が手一杯だったり、自分のこうしたいという欲求が強すぎたりして、そちらが優先され、子どもの気持ちまで考える余裕がないのかもしれません。実際、私自身がシングルマザーで子育てしている間に、そういう状況になっていたことがありますので、他人事ではないのです。より弱い立場にある子どもを優先したくてもできなくなってしまうような状況こそが、広がるマルトリートメントの源泉なのです。

一方、子どもは未熟でわがままで、意見を聞いてもいい加減で判断ができない存在であると思い込んでいて、子どもの声を聴きながら対話する代わりに、子どものことをよりよく知っている自分が「決めてあげる」と思っている大人たちもいます。そういう人たちは「子どものわがままを許していたら、ろくな人間に育たない」「子どもは大人が厳しくしつけなければ善悪がわからない」と思っていて、面倒を見てあげているのだから、自分が代わりにいろいろなことを決めていいと思っています。

もしあなたが誰かに、あなたは未熟だからあなたのことは全部決めてあげると言われたらどうでしょうか。困りませんか。その感覚を覚えていることが大切だと思います。

停滞や失敗を無駄と考える価値観

人生は停滞や失敗の連続です。そう思えない方は危険です。きっと誰かに迷惑をかけています。迷いながら、試行錯誤を繰り返しながら、つまり立ち止まったり、先を急ぎすぎて戻ったり、道を間違えたりしながら、少しずつ時間をかけて自分の人生を作っていくものでしょう。途中で思いもかけない事件が起きることもあります。それは自分が原因であることもありますが、そうでないことも多いでしょう。人の助けを得たり足を掬《すく》われたりもして、成長しながらさまざまな感情を体験し、自分を変化させながらそれを乗り越えていきます。子ども時代はとりわけ、たくさんの失敗を安全に経験し、繰り返しやり直しができる時期であってほしいものです。

でも、もし子どもたちを商品と考えているとしたら、停滞や失敗のような無駄はなくし、最短で効率的に仕上げまで持っていくことが目標となります。スケジュールを立て、カリキュラム通りに物事が進行するように努力し、大きな事件が起きてもそれをすぐに転換して糧《かて》とし、歩みを止めないように進めなければなりません。

生産性と納入時期が問題になるため、迷いや不安や不確実性のような無駄な要素はカットして、よそ見や振り返りをすることなく前を向いて、ネガティブな言葉は聞き流して進み、そのときそのときの可能性の中で最適化を図ってよりよく進行するためのパターンを一つだけ見つけ、そのパターンで生きていけるようにするのです。商品生産のラインでは決してバグがあってはなりませんし、選択肢に迷う時間はありません。バグを作ってしまったらそれは生産者の責任です。

商品化を図る世界において、大人の役割は、より大局的な位置に立って先の予測を立て、子どもたちをより効率的に目的に到達するよう支援することです。子どもに寄り添って立ち止まったり戸惑いにつきあったりすることで目標達成できなかったら、責められるべきは大人となります。子どもたちを成功に導くのは大人の責務なのです。「子どもの受験は親次第」と言われる中で、子どもが受験に「失敗」したら、親が恥をかき、できの悪い子どもしか作れなかったことを嘆くのです。

現代社会の経済至上主義に警鐘を鳴らしたミヒャエル・エンデの『モモ』に出てくる灰色の男はモモにこう言います。

「人生でだいじなことはひとつしかない。それは、なにかに成功すること、ひとかどのものになること、たくさんのものを手に入れることだ。ほかの人より成功し、えらくなり、金もちになった人間には、そのほかのもの――友情だの、愛だの、名誉だの、そんなものはなにもかも、ひとりでにあつまってくるものだ」（大島かおり訳、岩波少年文庫）

作品では、モモ以外のすべての人が灰色の男の言うことに説得されてしまいます。

あなたは「モモ」でしょうか。それとも「モモ以外のすべての人」でしょうか。

女性差別と代理競争

子どもを産むのは女性です。その女性たちが、日本においてはひどく差別されています。世界経済フォーラム「グローバルジェンダーギャップレポート2021」によれば、日本は、経済面、教育面、健康面、政治面における総合的な男女格差指数が156か国中120位です。大学まで女性のほうが成績優秀であるにもかかわらず、就職の段階において、昇進の段階において、女性は明らかに不利な状況に置かれます。そしてさらに出産、育児をしている間に社会参画が困難になり、男性と同じように社会活動することができなくなります。

日本国内にいるとこの状況があたりまえなので、女性たち自身も自分たちが差別されていることに気がつけません。また、問題にして目立つことが、自分の女性としての「奥ゆかしさ」という価値を低めてしまうという構造が、女性が声を上げることをまだまだ難しくしています。

そのような女性たちが目の前にしているのは、自分の産んだ子どもや担任する可愛い子どもたちです。やりがいを感じて取り組んでいた仕事をやめて向き合っている子どもや自分を慕ってついてきてくれる子どもたちです。下げられてしまった自分の価値を、子どもを優秀に育てることで証明しようと、クラスの子どもたちのパフォーマンスを上げようと無意識に頑張り始める女性が出てくるのは不思議ではありません。

自分はもとより、夫よりも学歴や地位の高い位置に子どもをつかせられたら、仕事を中断したことも進学をあきらめたことも合理化できるでしょう。立派に働く社会人になったら、職場で女のくせにと陰口をたたかれた気持ちもおさまるでしょう。日本の女性を子どもの教育に一心に向かわせるのは、女性差別に対する反作用もあるのではないでしょうか。女性による子どものマルトリートメントは、女性たちによる代理競争かもしれません。

時代の変化についていけない学校教育

日本の学校教育は世界でも高いレベルをずっとキープしてきました。識字率は当然のように高く、多くの人がインターネットを使いこなしています。教科書は一人1冊配布され、出てくる言葉や知識、方法は、たとえ素通りであっても一度は脳の中を通り、教養としてどこかにかすかな痕跡を残しています。レジでの暗算が普通にでき、PISAテストの結果は下がったと言われても世界トップレベルです。当初はフィンランドが1位とメディアが報道しましたが、ゆとり教育の子どもたちが15歳になった2012年に日本は読解力と科学的リテラシーでOECD1位だったのです。生徒たちは礼儀正しく、先生の言うことを聞き、教室の掃除をし、順番を守って並び、待つことができます。みんなで鍵盤ハーモニカと笛が合奏できて、日直も運動会の係も経験してきました。そして、勤勉で優秀な労働者を輩出し、目覚ましい経済成長を遂げてきました。一億総中流という言葉が象徴するような豊かな生活が営める国でした。

このように日本では戦後、長年、世界から称賛されるに値する教育がなされてきたのです。学校教育は成功していたのです。

そもそも学校は家庭より刺激的で、家事や労作もなく楽しいところであり、友達と過ごせるところであり、新しい知や技術を得られるところであり、先生というさまざまなタイプの大人たちのいるところであり、行きたくてわくわくするところでした。日本の多くの人々は、子どもたちが先生の言うことを聞いて真面目に勉強してせめて高校、できれば大学に進学すれば、その後は仕事をして食べていける、幸せになれると思っていました。ですから、教員も親も、子どもたちに「勉強していい学校に入って、いい就職ができるように頑張ろう」と言い、子どもたちも頑張っていました。

ところが、社会全体が豊かになっていき、テレビの中でよりよい世界が映し出されたとき、人はもっと上に行きたいと思うようになっていきました。モーレツに働き、モーレツに勉強し、人と比較してよりよい位置をめざすことがいいことだと考えるようになったのです。学校はそのニーズに応えようとしてきました。しかしそうすればするほど、学校は、競争的で縛られるところ、自由度の低いところ、行く意味や頑張る意味がわからない、つまらなくて辛いところと受け止められるようになっていきました。

できる子は、すでに塾で習ったこと、インターネットで検索すればわかること、薄い教科書や参考書に出ていることを「知らないふり」をして聞いていなくてはならないし、できない子は、意味のわからない板書をそのままノートに写しています。家庭で伸び伸びと育った子どもたちは、学校の窮屈さに音《ね》を上げてしまうし、少子化の中で対人関係を磨いてこなかった子どもたちは人間関係でトラブルを起こします。クラスの中に1、2割の「特別な支援が必要な子ども」がいて、学習支援員がついていなければクラス運営が難しいほどです。一方で7人に1人いると言われる貧困家庭の子どもたちは、「努力しても今の状況を抜け出せない」という社会状況を肌で感じています。子どもたちは学校で学びたいと思う動機や、学びに対する主体的な意思を持つことが困難になっているのです。何より学校で学ばなくても、Google先生やゲームが面白いことを教えてくれ、塾を含めた学びの機会は巷《ちまた》にあふれているのです。

他方、教員は、雑務が多くて授業準備に時間をかけられなかったり、子どもたちとコミュニケーションを十分に取れなかったり、指導書と市販のドリルに頼りつつ教科書を終えることに汲々としていたりします。そもそも教員免許を取るための教職課程では、最新の教育内容・教育方法が学べることが望ましいのですが、教える教師教育者の中には教育実践が得意ではない先生や大学という教育現場の改革に必ずしも積極的でない先生もいらして、扱う内容や方法が変化していく中で、学生たちが理論も実践も十分に身につけられずに教員になることもあります。そうすると、免許を取得した教員たちは、自分のかつて受けた学校教育の体験に頼って子どもたちを育てることになります。

このような中で、子どもたちは学校で学ぶ意味を見出せるのでしょうか。それでもまだ、大人に育てられ、愛されたいと思う子どもたちは、勉強しない自分が悪いのだと自分を責め、あるいは後ろめたい気持ちを持ち、今の勉強は将来きっと何かの役に立つという大人の言葉を信じ続けようとしています。自分と勉強とのつながりをなかなか見出せず、耐えられない彼らは、困難を内に抱えて、時には不登校、引きこもり、うつ状態などになり、時には反発を始めて非行に走るのでしょう。

臨床心理学や精神医学による問題提起の不在

マルトリートメントの結果は子どもたちの心身の状態に表れました。その状況を一番よく知るのは、養護教諭、カウンセラーや精神科医たちでした。臨床心理学や精神医学では不登校や引きこもりやいじめについて多くの研究がなされ、治療やカウンセリングが続けられましたが、不登校は引きこもりへと移行し、高年齢化していきました。様子を見ましょうとカウンセリングを継続してもなかなか解決の方向には向かわなかったのです。それは、この問題が「必ずしも子どもの問題ではない」「必ずしも家族の問題ではない」にもかかわらず、閉じられた面接室で一対一の面接を続け、子どもや親が変化することを求め続けたからでしょう。

そして、さまざまな問題は心の問題というよりも環境の問題というよりも、脳の問題である、つまり発達障害という脳機能の障害であり、コミュニケーション不全の問題や認知の問題であるという方向性に流れが変わっていきました。時に感情を安定させる薬が処方されたり、マインドフルネスが取り入れられたり、療育による改善が図られたりするようになりました。また、学校に合理的配慮を求め、特別支援教育支援員を配置したりするようになりました。それはそれで必要な対処ではあるのでしょう。

しかし、本書で指摘するような根本的な問題、つまり学校教育のあり方や受験・評価のシステムや大人の持つ価値観の問い直しが、カウンセリングの立場から明確に提言されることはほとんどありませんでした。特に不登校や引きこもりや、近年話題になっている自己肯定感の低さは、子どもの問題というよりはむしろ子どもを取り巻く養育環境や教育の根底にある価値観の問題なのですが、そこにメスが入れられることはなかったのです。

社会構造へのアプローチの必要性の認識不足

私は不登校や引きこもりの問題がほとんど起きていない海外の学校をたくさん訪問

してきました。世界各国から日本に子どもの専門家を招き、日本の学校を見学してもらい、さまざまなコメントをいただきました。アジア圏には日本に似た競争的な教育を行っている国がいくつかありましたが、それ以外の海外の学校では、多様な子どもたちが多彩な学習方法で学んでいました。先生や授業への不満をゲストに言うことも許されていました。多くの学校で宿題や画一的な評価はほとんどなく、受験も厳しくなく、生徒たちの比較は行われていませんでした。いじめはどこの国でもありましたが、不登校や引きこもりの現象はほぼありませんでした。

オランダのアムステルダム自由大学では、２００６年に日本とオランダの教育の比較をレクチャーする機会をいただきましたが、日本の受験を取り巻く状況を説明すると、皆さん信じられないという顔をしておられました。また、日本によく来ることがあるというカナダの教師教育者は、日本の学校教育についてはコメントすることができないし、何かアドバイスしようという気はないと首を横に振るのみでした。ここでは、日本の学校教育の中で問題を抱えた子どもたちの事例（事実を改変して構成）をいくつか挙げてみましょう。

事例１　高校1年生女子。入学してみたらとても規則が厳しくて先生たちの言うことが理不尽で納得できないから退学したいと言います。話を聞いてみると本当に学校の対応は非合理で、退学したいと思うのももっともに思われました。でも母親はせっかく入学した学校を退学したいという自分の子どもが理解できません。不登校状態が続いているので、心の問題ということで、親子でカウンセリングに来たわけです。私はこの「クライエント」は非常に健康な方だと思いましたので、カウンセリング終了後に先輩にそう言いました。そして叱られました。高校生にとって学校という場所は友達に出会ったり勉強したりする大切な場所で、カウンセラーはそこに行けるようにするのが仕事だろう。子どもの言うことを鵜呑みにしてどうするのだということでした。彼女は自分にはカウンセリングは必要ないと言って3回目から来なくなりました。のちに学校は退学し、母親のカウンセリングが継続されました。私は今でも、女子生徒の退学は正しい選択で彼女は健全な方だったと思っています。

事例２　ある高校生の男の子は、有名進学校に入学したものの学校に行けなくなってしまい、家に引きこもってずっとネットにはまっていました。知人に紹介された発展途上国でのワークキャンプに参加したところ、徐々に自分の知らない熱い人間関係の中で心の傷が癒やされ、人と自分への信頼を取り戻し、帰国してからもキャンプで知り合った仲間たちとの関係を続けて勉強を始め、希望する大学に入りました。彼に必要だったのは、カウンセリングや医療よりも、広い世界を知り、温かい人たちに出会い、汗を流して働く体験だったようです。

事例3　ある小学校1年生の男の子は、コロナ禍で4月からしばらく学校に行くことができず、夏前に登校が始まってから先生や友達との関係がうまく築けないまま、まもなく学校に行けなくなってしまいました。家で暴れたり親から離そうとすると泣き叫んで手がつけられなくなったりしたため、カウンセリングを受けたところ、発達障害と言われて投薬され、療育を勧められました。たまたま私と出会う機会があって親子の様子を見ていたら、お母さんがとても優しい方で、彼の言い分を聞いて何とか対応しようとしています。いいお母さんでいよう、彼を傷つけないようにしよう、叱らないようにしようと必死の様子を見て、学校の担任の対応との落差が激しかったのだろうと思いました。そして、男の子が自立できるようにお母さんのほうから離れていくことや環境要因の調整などを数分アドバイスしたところ、２週間後に連絡があり、子どもが自己コントロールができるようになってきて、薬も療育も必要なくなったとのことでした。

これらの事例からわかることは何でしょうか。心の問題や発達の障害であると言われていることが、実はその子どもの問題というよりも「環境調整」で改善する問題である場合があるということです。カウンセラーたちは話を聴くトレーニングを受けてはいても、必ずしも環境調整の技法は学んでいません。カウンセラー自身の価値観が現在の日本の状況から自由でないと、話は閉じてしまって解決の方向には向かわないし、現象や症状を抑えることに気が向いて、子どもが育つプロセスで子どもの心と現実とのズレやマルトリートメントが起きていることに気づくことができないのです。

問題を抱えた親子と接する機会の多い対人援助専門職が、個人の問題が社会のどんな構造の中で起きているのかを分析して改革への提言を発信しなければ、あちこちで起きているマルトリートメントは、個別の問題として対応されるだけで、社会的に継続してしまうのではないかと思います。

人は生涯を通して学び続ける

人は生きている限り、あらゆるところで学んでいます。第3章で詳述しますが、赤ちゃんは胎内にいるときから学びを重ねているのです。そして出会ったあらゆる人、こと、ものから生涯学び続けます。就学以降の学びは、それ以前の乳幼児期の発達の上に乗る形で進みます。

でも、多くの人が、子どもは学校に入学したときから学び始め、学校を卒業すると学びが一段落すると思っています。少なくとも、学校での学びについていけるように準備して、宿題で追いついて、補習で定着させなければと思うのです。

たしかに学校は子どもの社会化のために必要なことを勉強する場であり、国民として生活を始めていくために必要なことを仲間と共に学ぶ場です。でも人の学びはそれに留まりません。子どもたちは24時間、家庭と学校と地域の3領域の生活の中で何かを学んでおり、学校を修了して大人になっても死ぬまで学び続けます。とはいえ、今は地域で過ごす時間がなくなって、家庭と学校の往復になっている子どもたちが少なくありません。さらに家庭では十分に養育できないということで、学校が託児所のようになって、部活や放課後子ども教室も含めて、あらゆることを引き受けるようになっています。

大人が人間の体と心と脳の発達の流れを理解していれば、短い学校教育期間にすべてのコンテンツを詰め込もうとはしないはずですが、この情報化社会において、あらゆる人たちが、自分が大切だと思うこと、たとえば、英語、ＩＣＴ、キャリア教育、福祉、ボランティア活動、金融教育、消費者教育、育児、昔遊び、読み聞かせ……を学校教育のコンテンツとして必須だと主張し、入れ込もうとします。それらが必要でないとは思いません。でも、そんなに詰め込まれても、ただ先生の話が長くなって休み時間が短くなるだけで、家庭や地域で実体験の少ない子どもたちには必要性の実感がわかず、迷惑なのです。子どもたちはフォアグラを作るために強制給餌されるアヒルにはなりたくないのです。

子どもへのマルトリートメントが継続してきたのは、誰か個人の悪者がいるということではなく、社会の急速な流れの中で大人たちがよかれと思ってやってきたことが少しずつズレたり、問題に気がつかないまま進んできてしまったりした結果であるということが、おわかりいただけたでしょうか。

第3章

子どもの育ちと基本的信頼感

一人の子どもを育てるには一つの村が必要

子どもたちの健やかな育ちを望まない大人はいないでしょう。でも、ここまで見てきたように、大人たちの努力があったからといって、必ずしも子どもたちがウェルビーイングな状態、つまり身体的・精神的・社会的に良好な状態で育つことができるとはいえません。往々にして、大人の努力の「方向性」が子どもの発達に即していないからです。

それは大人が子どもと接する際に、人の発達の道筋を理解しその知識を活用することができなかったり、大人がさまざまな理由で子どもの養育環境を整えることができなかったり、そもそも大人の持つ価値観が子どものウェルビーイングの実現を阻害するものであったりするからです。

そこでこの章では、人の発達と大人の関わりについて説明することで、マルトリートメントの予防をめざしたいと思います。

かつて、多くの兄弟姉妹やいとこ、地域の子どもたちに囲まれて育った子どもには、育ち方や人の育て方を自然に学ぶ機会がありました。彼らが目にした子育ては家族環境や地域文化によって偏ったものや望ましくないものもあったかもしれませんが、何にせよ、バラエティに富むさまざまな育ち方、育て方と、その結果としての多様な人生を間近に見ることができていました。

また農耕民族である日本人は、農作物を育てる経験が子どもの育て方と通じることを知っていました。土作りが大切なこと、育つ方向に寄り添うこと、気候などの外的要因と調和を取ること、水や養分を与えすぎてはいけないこと、どのような作物と一緒に育てればいいのかということ、次の世代のことを考えて作付けする必要があることなど、農作物の世話の中に子育ての基本が詰まっています。

でも今は、それらの経験が日本人の中から消えていっています。

赤ちゃんの頃から少人数家族で育ち、地域の子どもたちに揉まれて育つことのなかった人は、育ちと発達に関するセンスと知識、そして技術を自然に身につけることができません。子どものことをよく知らないままに親になり保育士になり教員になります。そうすると、子どもにとってマルトリートメントにあたることが出てきても、これでいいのかという疑念を抱かないまま取り入れてしまう可能性があります。大人たちは、「子どもを理想の姿にできる自分」を思い描いて熱心に誤った方法を用い、マルトリートメントしてしまうことがあるのです。

たとえそういう状況でも、周囲に子育てや教育の経験があってほどほどにできる人がいたり、子どもたちに過度な期待をしない人がいたり、交代で面倒を見たりしていれば、いつの間にかさまざまな手が加わってストッパーがかかり、子の育ちが均《なら》されていくのですが、今は、子育ても教育も孤立した中で行われがちです。「この親にこの子」「この先生とこのクラスの子どもたち」というような、外から手が加わることの少ないセットができあがっていて、関わる大人の育て方がダイレクトに子どもに反映されてしまいます。

実際のところ、心理学や脳科学の知見によって「子どもの育ち」は育てる大人を含む養育環境の影響を受けるということが知られるようになっています。そこでは、まるで業績評価のように、子どもの仕上がりによって育てた人が問われ比較されてしまうのです。親や教員は、子育てや教育という営みにおいて、できる限り人よりいい点数を取りたいと思ったり、ほめてもらわないと不安だったり、失敗はできないと一人で気を張ったりしています。真面目であればあるほど「うまくできなければ自分のせいだ、責められる」と思い込みがちです。

ヒラリー・クリントン氏の著作に、「一人の子どもを育てるには一つの村が必要」

(It takes a village to raise a child.) というフレーズが登場します。元はアフリカの諺です。子どもは個人で育ててうまくいくものではありません。しかも一人しか産まない、育てない、その子も保育園に預けてしまうという時代においては子育ての経験値はそう簡単には上がりません。うまくいかないのがデフォルトで、そのときのセーフティネットが社会にあることが必要なのです。

よりよい仕上がりをめざして

日本では、社会科の教科書にも道徳のテキストにもテレビにもネットにも人生の成功事例が出ていて、「努力して成功するのがいいことだ」と教え込まれ、学校では「○○を頑張る」という目標を何回も書かされて、素直な子どもたちはいつの間にか成功と努力の神話を刷り込まれて大人になります。

そして、少なくない数の親や教員が、ほぼ無意識的、自動的に、高学歴高収入、つまり、よりよい学校よりよい成績よりよい就職という、必ずしも子どもの幸せを保障しない未来の目標に向けて、子どもの意向を尊重しないまま「強いて勉める＝勉強」に取り組ませてしまうのです。しかも、途中で周りの子どもたちと比較して、評価というチェックを繰り返し、「まるで高値で売れることをめざすように」さらに部活や習いごとをさせて特技で付加価値を与え、よりよい仕上がりをめざします。

一方で、子どもをネグレクトしてしまう親や教員たちは、子どもは放っておいても自然に育つと思っていたり、子どもが赤ちゃん期からケアを受け経験を重ねながら学んで育つということを知らなかったり、子どもの身になって共感する力を持っていなかったり、子ども以上に自分が大事だったり、知識を持っていても生活の糧を得たり目の前の仕事をやりきるだけで精一杯で子どもの心身の育ちにまで気が回らなかったりします。つまり、子どもの商品価値は生まれたときに決まっていると思っていたり、子どもの商品化をあきらめていたり、そこに力を注げなかったりするのです。

そのような大人の下では、子どもは身の回りのことや勉強ができないまま放置され、その結果として他の子どもたちとの生活力や学力の差が開き、スクールカーストの最下層に置かれ、いじめの対象になることもあります。学力格差、生活格差、スポーツ格差などさまざまな格差の下位に位置づけられてしまい、早々に人生をあきらめ、将来も厳しい生活に置かれることになる可能性が高くなります。

コントロール、ハラスメント、見当違いの子育て

人間の子どもは一人で育つことはできません。大人からの適切なケアを受ける必要があります。でも、子どもの健やかな発達を保障する養育の条件を知る機会のないまま大人になってしまうと、残念ながら自分が知らないということにさえ気づかないまま、社会にあまねく広がっている一見子どもたちのためになると思われる上昇志向の価値観に流されて、一所懸命に見当違いのマルトリートメントをしてしまうのです。

それは、たとえば、子どもを必要以上にほめたり励ましたりして思う方向に動かそうとする（コントロール）とか、叱って何かに取り組む意欲を失わせてしまう（ディスエンパワーメント）とか、子どもが行動を回避するように嫌な思いをさせる（ハラスメント）というような、子どもの尊厳を無視したふるまいです。このようなふるまいをする人は、相手を変えるという正義を実行していると思い込んでいるので、そのことがどれほど相手の発達を阻害しているかには気づきません。

また、子どもたちにとって必ずしもよくない状況をうすうす感じながら、「仕方ない」とあきらめて周囲に合わせている大人も多くいます。こういう大人たちの存在が、実はマルトリートメントが日常的に起きる社会を作り出しています。たとえば受験戦

争が子どもたちにとってよいものではないと思いながら、自分も自分の子どもたちも受験に巻き込まれて抵抗できずにいるのです。いじめの際に一番多い「傍観者」の立場をとる人たちと同じで、周りに追随し、忖度《そんたく》してしまうのです。自分自身がかってディスエンパワーされて状況を変える力がないと思い込んでいることが多く、問題が大きすぎてどこから手をつけていいかわからないということもあります。問題提起をしないまま、社会はこういうものだと自分に言い聞かせて、自分よりも弱い存在である子どもたちのために立ち上がることができないのです。

それでも、複数の大人の目のあるところで育てていれば極端なことは起きにくいのですが、他者の目の入りにくい家庭や学校の教室のような密室に大人が1～2人という場所では、少数の大人から継続して周囲に気づかれないままに、あるいは気づかれても対処されないままに、子どもたちに対してマルトリートメントがなされる可能性が高まります。このような人たちは、一人で頑張り続けるか、同じ発想の人を見つけたり、ネットで自分を肯定してくれるサイトを見つけたりして安堵し、その歪みに気づかないまま歩み続けようとするのです。

また、驚くべきことに、マルトリートメントが慣習や文化になってしまっているところもあります。そういう場では、起きていることに疑念を抱くほうがおかしいということになり、調和に価値を置く日本では異議申し立てできずに同調してしまう人が多いのです。そして、それは家庭や学校だけではなく、大括《おおぐく》りにしていえば、日本全体に広がっているともいえるのです。長く続いていた体罰やLGBTQの子どもたちへの無配慮、スクールセクハラや指導死、校則による権利侵害は、今ならばマルトリートメントと言って伝わると思いますが、数年前までは首をかしげる人も少なくなかったのではないでしょうか。

乳幼児期に土台が作られる

人の体や心や脳の基本は乳幼児期にできます。人間は生物ですから、自然界とのやりとりの中で発達していくのですが、現代は、自然の刺激を受けて五感のセンサーを使う機会が減っています。多様な人と関わる機会も減り、非認知能力を身につけるプロセスも体験しにくくなっています。適切なケアの仕方がわからない大人が増えているということは、子どもがケアしてくれる人との間にアタッチメント（愛着）を形成し、自他に対する基本的信頼感を獲得していくことも難しくなっているということです。

図7を見てください。乳幼児期の土台ができていなければ、その後にさまざまな学びを重ねて生きる力をつけていこうとしても、上乗せは困難です。体幹ができていなければどれだけ部分的に筋トレをしても健康になれないのと同じです。今の子育てや教育は、弱い地盤の上に無理に大きな建物を建てようとしているかのようです。人間には可塑性があるので、その後に修正を加えることができますと言いたいところなのですが、それがまた問題です。かつてのように就学後にさまざまな人々に出会い、さまざまな体験をすることによって修正を加えていくことが困難になっているからです。

子どもたちは朝8時に家を出て、夕方学内に設けられた学童保育から帰宅するまで約10時間、ほぼ同じ少数の友達と同じ学校文化の中で過ごします。地域の商店街はシャッターが下り、人は車で移動していて、多様な大人や子どもたちに出会う機会はあまりありません。帰宅してから少人数で夕食を取り、兄弟がいなければ一人で宿題やゲームやSNSをやって、寝て起きて翌日です。まるで多忙なビジネスマンのような毎日で、いつ子どもらしく自由に生き、生活から学んで育つ時間を持つことができるのでしょうか。

乳幼児期から引き継いだ課題は、うまくすれば成長と共に次第に補強されていくは

図７　生涯学習と学校教育制度

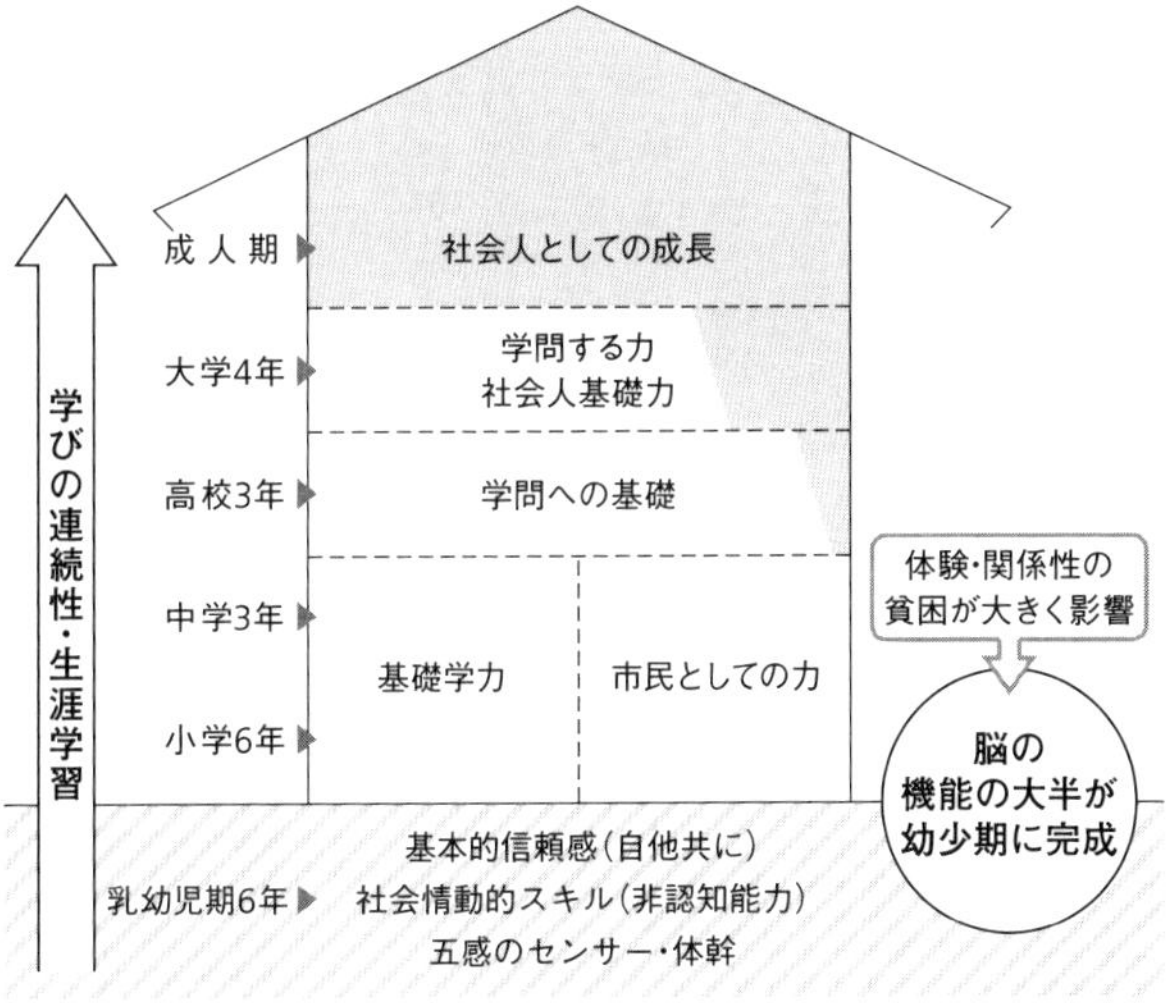

筆者作成

乳幼児期から成人期まで、発達と学びの連続性を表した。実際には、中学卒業後、専門学校進学、中退、就労などさまざまな進路が存在するが、この図では学校教育制度を中心に簡略化して示した。

ずなのですが、今書いたようにそれが難しくなっています。むしろ二次的に問題が重なっていくかもしれません。また、独り立ちが求められる思春期にさらに残された課題に取り組むことができるといわれていますが、勉強や部活に追われる子どもたちには、それも難しくなっているといえるでしょう。

乳児期1年の成長を考える

大人がどう子どもの発達を支えていけばよいのか考えるために、ここで人の育ちの原点である乳児期の1年間を取りあげてその発達を検討してみたいと思います。

実は、専門家と言われる人たちも、必ずしも乳児期の人の体と心と脳の発達について詳しいとは限りません。たとえば、助産師や理学療法士は体のことに詳しいのですが、心や脳の発達について学んでいるわけではありません。保育士は乳児保育開始からの歴史が浅いために乳児に関する知見の蓄積は始まったところです。小児科医は、病気の子どものことは詳しいのですが、普通の子どもを多く見ているわけではありませんし、そもそも乳児はあまり扱いません。脳科学者などの研究者は、乳児研究の方法が難しいためエビデンスを得ることに苦心しています。このように、乳児の発達についてはまだ不明なことも多いのですが、ここではすでにある精神分析理論や発達心理学の知見を中心に考えていきましょう。

乳児の発達変化の内容や方向性は、乳児生来の気質や能力と生後の養育環境からの働きかけのかけ算によって決まっていきます。生まれながらの五感のセンサーで感じ取った外界の刺激や身体内部の感覚が脳細胞とつながって、生きていくために必要な脳から体への指示が短期間にできるようになっていきます。したがって、乳児の発達にとって、五感のセンサーを適度に刺激し働かせることができる環境がとても大切です。

生来の感覚を鋭い感性に磨き上げ、同時にそれぞれに微妙な差に気づくような微細な脳の働きを促していくためには、春の日差し、新緑の匂い、初秋の虫の声、冬の水の刺すような冷たさのような、自然界に存在するものが活躍します。母の肌のぬくもり、自分の首の重さを自分とだっこしてくれる人とでシェアしながらバランスよく支える感覚、自分の指をなめるときと母の乳房をくわえるときの感覚の違いなど、あらゆる感覚刺激が発達を促すのです。快刺激と脳細胞が結ばれることが多ければ、より幸福感に満ちた赤ちゃんが育ち、不快刺激にさらされていれば不機嫌な赤ちゃんになるでしょう。

常に快適であればいいかというと必ずしもそうではありません。空調の効いた部屋の中で、人工物質や便利用品に囲まれて生活していると、自己調整機能が働きにくくなり、感覚統合機能が育ちにくかったり免疫機能がつきにくかったり身体機能が鈍くなったりするかもしれません。親を楽にする子育てグッズが赤ちゃんの育ちを阻害している例は後を絶ちません。

たとえば、紙おむつが汚れて気持ちが悪ければ、つまり、触覚が不快刺激を受け止めれば、赤ちゃんの脳が反応して、おむつを取り替えてと泣く行動が始まりますが、いくら排泄をしてもおむつがきれいであれば、不快感を持たないために赤ちゃんは泣きません。交換の必要性がなくなるのです。交換するたびにあるはずの親子のふれあい、身体機能のチェックの機会もなくなり、排泄の感覚は育ちません。お尻がさらさらになるおむつを使うことは、親にとっては便利ですが、子どもの身体機能やコミュニケーションの発達には反しているのです。

また、実は赤ちゃんの身体発達そのものが変化してきていることが現場から数多く報告されています。肩や背中がこっている赤ちゃん、反り返りの激しい赤ちゃん、しっかりはいはいしない赤ちゃん、黒目が大きい赤ちゃんなどです。育て方の変化が育ちに影響を与えていると思われます。

本能的な欲求が持つたくましさ

さて、順調に育てば、五感で得た感覚と脳の活動が結びついて、より分化した高度な感覚が急速に育っていき、それによって得た感覚に対応する行動のあり方も学習されます。脳からの指示が、体のすみずみに行き渡るようになるのです。さらに新しい刺激を得よう、もっと世界のことを知って社会に適応していこうとする本能的な欲求が赤ちゃんの行動を促します。周囲をきょろきょろと探索し、手を伸ばしたり、寝返りしてものを違う角度から見ようとしたり、自分では得られない視界を得ることができる高い高いを要求したりして、さまざまなものを得ようという動きをします。この頃の赤ちゃんと同じ姿勢をしてみれば、いかに赤ちゃんが次の行動の獲得に向けて尽きないトレーニングをし続け、日々精進しているかがわかるでしょう。

そうだとすると、長時間同じ姿勢でだっこし続けて赤ちゃんの動きに制限を加えたり、視線を防ぐような位置に胸や背中がある状態で移動したり、親にしがみつくことで手足に力をつけるはずの赤ちゃんがしがみつけない姿勢にしたり、柔軟剤の匂いで肌の匂いを消してしまったりするのは、赤ちゃんの身体発達や脳の育ちにとって望ましくないということがわかるでしょう。

つまり、生涯発達・生涯学習の土台となる赤ちゃんの発達・学習を促すためには、つまらなくもなく過剰でもない、適度に五感や体や心や脳を刺激する環境が必要なのです。

上向けに寝かされて真っ白で平らな天井をじっと見ているだけでは、新しい刺激を得て学習することができません。逆に光度の強い電球の真下に置かれていれば、過度な光刺激から目をそらすしか逃げ場はありません。もし、天井から変化に富むつるし雛《びな》がぶら下がっていたり、複雑な模様のパターンを持つ天然の木目が見えていたりすれば、赤ちゃんはその変化する刺激物に興味関心を持ち、じっと観察するでしょう。縁側のガラス窓から空の雲が風で流れる様子が見えていれば、四季を通してその場所がお気に入りになるかもしれません。でも、家の中のものがだんだんと見慣れてくると、もっと別の新奇なものを見せてほしいとぐずるでしょう。もう飽きたから、つまらないから外に連れていって、もっと五感や脳を使わせてください、学ばせてくださいと泣くでしょう。

一方、刺激を受けたら休憩も必要です。自分一人で畳の上でゴロゴロしている時間や、筋トレのように激しい身体活動に取り組んだ後で静かな環境でぐっすりと眠る時間、ぼーっとしながらむにゃむにゃひとりごとを言って発声の基礎を作っている至福の時間が「寝る子は育つ」といわれる成長の時間です。何でもないような休み時間も体は成長していて、その時間が発達にはとても大切なのです。横でテレビの音がずっとしていたり、煌々《こうこう》とした電気がついていたりする家では脳はゆっくり休むことができません。

信頼感の獲得が大切

さて、このように、外界からの刺激を受けたときの感覚や自分の体の中から生じる感覚、特に内臓感覚は、感情と結びつき、泣いたり怒ったり笑ったりという形で外に表現されます。中でも、おなかがすいた、のどが渇いた、寒い、痛いなどの不快な感覚は、生命維持のために必要です。不快な感覚があるということを泣きや怒りで表現し、それが適切にケアしてくれる大切な人（母親であることが多いのですが、父親や養父母、祖父母などの場合もあるため、本書ではこの表現を使います）に伝わるかどうかは赤ちゃんにとって死活問題なのです。

ですから、赤ちゃんの表現を読み取って適切な対応をしてくれる人は、次第に赤ちゃんに選ばれ、信頼されるようになります。この頃の赤ちゃんはまだ言葉の学習中ですが、さまざまな情報を収集して、この人なら自分の要求、今の状況を変えてほしいという叫びにきちんと応えてくれるに違いないという予測を立てることができるようになり、両者の間に安心安全の関係が築かれていくのです。この関係を「愛着関係」といいますが、その中で獲得される感覚が「基本的信頼感」と呼ばれるものです。

ケアしてくれる人との一対一の愛着関係は生後7～9か月頃までに作られるといわれていて、もし、ここで自分自身とケアしてくれる他者に対する基本的信頼感を獲得することができなければ、赤ちゃんはこの世界で安心して生きていくことができなくなってしまいます。ケアしてくれる人が大丈夫と差し出すものを口にし、周囲が守っているルールや秩序を自分も守り、使っている言葉を自分も真似して人は育っていくのです。まずはふたりの安全な関係性ができて初めて、3人以上の対人関係を広げていくことができるようになるのです。自分も他人も無条件で安心して信じられる状態があってこそ、世界を理解していくことができるようになります。

でも、残念なことに、赤ちゃんの要求を叶える人は魔法が使えるわけではなく、物事がいつも赤ちゃんの欲求通りに進むわけではありません。期待と現実の間には差ができます。そこで赤ちゃんはいろいろと発信方法を変えてみます。ぐずっても対応してもらえないときに火のついたように泣き出すのは、もうどうしていいかわからなくなってパニックになっている状態です。それでも対応してもらえないと、赤ちゃんは無気力になってあきらめ、静まり、他者への信頼感を失っていきます。静かになったのはよい子になったのではなく、あきらめた子になったということです。

不足や過剰に耐えるために生まれた遊び

一方、対応してもらえるまで待っている間に、気を紛らわすかのように自分の体を触ったり、肌のように柔らかな毛布やぬいぐるみの感触を味わったりして過ごすことができることもあります。実は、この一人で待つ工夫が遊びの始まりと考えられています。

人は遊びを通してさまざまな力を身につけていき、アートは遊びから発展するものだとも言われています。ケアしてくれる人は自分とは異なる存在で、時には不足や過剰があるから耐えなければなりません。その耐える時間を過ごすための工夫として、ケアしてくれる人でも自分でもない、その間にあって依存できるもの……たとえば、ぬいぐるみやタオルや柔らかなおもちゃが大事なものとなります。

遊びは無駄なものと思われることが多いのですが、実はこのように、赤ちゃんにとって生存に必要な、親にとって代わるほど大事なもので、子どもにとっても大人にとっても、特にストレスがかかっていたり困難が降りかかっていたりするときに大切なものです。ウィニコットというイギリスの精神分析家は、心理療法において、「もし患者が遊べないならば、患者を遊べるようにする何かがまず必要」(『遊ぶことと現実』、岩崎学術出版社)と言っているほどで、事実、子どもや言語化の難しい患者さんを対象にプレイセラピーという遊びを通した治療法があるほどです。遊びについては、次章で引き続き、扱いたいと思います。

さて、基本的信頼感が獲得されてくるちょうどその頃、赤ちゃんははいはいができるようになり、徐々にその人を起点として自分で動き始めます。自分を取り巻く社会の探究が始まるのです。その人が信頼する他の人たちとの安心な関係を広げることもできるようになります。もし不安や恐怖や心配があるときには、いつでも戻ってきて安心感を取り戻します。そうして、赤ちゃんは行動範囲や対人関係を広げていくのです。このように体と心と脳の発達は連動しているのです。

大人の対応が自己効力感を作る

さて、赤ちゃんは生後すぐに言葉を理解しているわけではありませんが、敏感な聴覚で、周囲の人が話している言葉を聞いて、その音量や響き、高低とそのときに起きる事象（たとえば、優しい声をかけられてからだっこされるとか、せわしなくおむつ替えをされるとか、いつも同じ子守歌で寝かしつけられるとか）から、相手の感情や意図を聞き分けるようになり、言葉の持つ意味も少しずつ理解するようになっていきます。繰り返しよく聞く言葉の発声を真似し、覚え、言葉を獲得して、その言葉で思考するようになります。

また、自分の発信がケアしてくれる人の行動を変えるとわかると、泣いてみたり、その泣き声を使い分けたり、喃語《なんご》といって言葉になる前の発声をしたりして、人を動かすことを覚えていきます。これが音声によるコミュニケーションの始まりであり、うまくいくと、自分が他者に影響を及ぼすことのできる存在であるという「自己効力感」が身についていきます。逆に、もし自分が泣いても笑っても反応がなかったり対応されなかったりすると、次第にその行為をしなくなります。それを「学習性無力感」といって、自分が何をしても自分を取り巻く世界に影響を及ぼすことができないのだと感じ始めたり、何をすればいいかわからなくなって混乱したり、あきらめきって要求を出さなくなったりします。いわゆる自己肯定感が育たなくなるのです。

この間、赤ちゃんは単なる生物学的な反応としての泣きや微笑みから、感情の表現方法や要求の伝達方法を高度化させていきます。ケアしてくれる人は顔を近づけてくれるので、その顔を見ながら、同じ表情をしてみたり、動きを真似してみたりすることがわかっています。学びは真似ぶ。模倣から始まるのです。そうしてだんだん気持ちの伝え方を身につけ、ケアしてくれる人と自分の言動や情動を音楽のチューニングのように合わせていき、この社会の人間のあり方、表現の仕方、タイミングなどを心得ていくのです。

子どもは全身で世界とつながる

さて、先ほど遊びの起源について書きました。赤ちゃんの遊びはすべて、体のさまざまな部位を使った世界の探索、つまり学びにつながっています。生物としての自然な動きや偶然に起きたことなどの中から、自分にとって必要な動きを選び、やってみて、獲得していくのです。新しい世界を知ることはとても面白いことです。ですから赤ちゃんは全身の神経を使って思いきり遊んで学び、疲れて眠り、力を伸ばしていきます。そうして赤ちゃんは人間としての体と心と脳の発達を遂げているのです。

ざっくりとした説明ではありますが、人が１歳までに成長発達の礎《いしずえ》を築くということ、それが学びや育ちの基礎だということがわかっていただけたのではないかと思います。

赤ちゃんの自然な発達は難しくなってきており、これから今まで以上に子育てや教育が困難になることが予測されます。そのために社会は環境の整備に取り組み、マルトリートメントの予防に取り組む必要があるでしょう。

本章の最後に、改めて子どもの成長発達を理解し学びを促進していく上で大切なことをまとめておきます。また、親や教員など子どものそばにいる人が日常するとよいふるまいについて書きました。これらのケアがなされない場合、つまりマルトリートメントされてしまった場合、子どもたちはよく発達することができなくなってしまうのです。

1　人は生物学的特性を基盤としつつ、養育環境の刺激を受けながら、凸凹が補強修正される形で、自分を取り巻く世界に適応できるように発達していく。
↓大人から子どもへの適切な環境刺激の供与と、子どものストレングス（強み）とウィークネス（弱み）を見極めて補強する働きかけが必要である。

2　子どもは、ケアしてくれる信頼できる他者を観察してその行為を真似し、その他者の生きる社会の仕組みを学びながら同じルールに従おうとする。
↓子どもの学びの場の成立のためには、まず、信頼できる他者として現れる大人が必要であり、その大人が学びや生き方のモデルを示すことが必要である。

3　人は、愛着関係のある信頼できる他者の存在を安全の保障されたベースとして、その人に見守られ承認されることで、世界に好奇心を向け探索を進めていくことが可能になる。
↓主体的な学びを支援するためには、信頼できる他者が行動を適切に承認し、次の行動の動機づけを促進することが必要である。

4　言葉や動作を覚え身につけていくためには、繰り返しその行為を見聞きすることが必要である。
↓学びの質を担保するために、子どもが真似をするモデルである大人の質の保障が必要である。

5　真似をするためには、簡単すぎず難しすぎないレベルのモデルが必要である。
↓大人は教材となる環境刺激を子どもに合わせた適切なレベル、タイミング、分量で提示することが望ましい。

大人は自分がいい子育て、教育ができる人でありたいと思い、いい子を見て満足します。そして、できの悪い子どものできの悪さを自分の責任ではなく、他の大人の責任にしたり子どもの責任にしたりします。でも、養育や教育は、可変性のある子どもたちと大人との間でなされるものであり、大人がどのような環境を用意できるかによって変化するものなのです。

前記の5つの条件が整わないところでどれだけ子どもたちに教育を行っても、子どもたちは学ぶことができません。学べない教育を押しつけることによって教育行為をマルトリートメントにしないようにすることが大切です。昨今は主体性を評価しようといわれますが、そもそも就学前に自他への信頼感を獲得できなかったり、大人たちによって自己効力感を奪われたりした子どもたちは主体性を持つことができません。主体性は努力によって身につくものでも、能力でもないのです。

主体性を引き出すのは育てる側の力量です。育てる側が、じっくり日常の言動を振り返ることが大切です。

毎日子どもにどう接しているか

最後に、教室で、担任から小学校低学年の子どもたちに実際にかけられた言葉をご紹介しましょう。いずれも学びが成立しない責任を子どもの側に置いています。子どもに共感できず、自分の行為の振り返りもできないようです。教える側が子どもに寄り添えず、当然、信頼できる大人になっておらず、言うことを聞かせられないのでハラスメントによって行動を統制し、できない部分に焦点を当ててディスエンパワーしているマルトリートメントといえるでしょう。

「あなたたちはこうやって落ちこぼれていくんです」

「教わったはずです。聞いていないからできないんです。あなたは長期欠席していたんですか？」

「おまえがいるからオレの評価が下がるんだ」

「（できた部分は無視して）やっぱりここができていないね」

「あら、誰かにやってもらったの？　それでもあなたは他の子たちよりずっと遅れているのよ」

このようなことが起きている教室があるとしたら、そこにいる先生を「一人で育てなければならない」責任の呪縛から解き放ち、皆で協力して、子どもの成長を支援できる先生に変化させる試みを開始することが必要でしょう。

本来の育ちが阻害されているとしたら、それは子どもに起因するものではなく、周辺の環境、とりわけ大人たちの間違った思い込みによるものです。それはまた、教室だけでなく、家庭でも同様に起きていることなのです。

第4章 遊べない子どもが増えている

国際的に注目される遊び研究

第3章で、遊びは本質的にストレスや困難を和らげるものであること、遊びを通して人が必要な多くの力を獲得していくことを書きました。本章では、さらに人の発達において遊びが果たす重要な役割とそれが剝奪されている状況について説明したいと思います。

今、遊びに関する研究は国際的にも注目され、たとえばイギリスのケンブリッジ大学教育学部には、ＰＥＤＡＬという「教育・発達・学習における遊び」を研究するセンターがあります。また、「子どもの遊ぶ権利のための国際協会」（ＩＰＡ＝International Play Association）は２０１３年、国連子どもの権利条約第31条「子どもの遊ぶ権利」に関するジェネラルコメント（詳細解説）に加える形で「遊びの重要性に関するＩＰＡ宣言」を出しました。そこには、ここ20年の世界各国の研究に基づいて遊びの重要性が記述されています。

概要を紹介すると、

・遊びは子どもに生きる喜びを与え、自らの文化や社会の中で生き抜くために必要な心身の健全な発達を促す。

・遊びは子どもが自分で初めてコントロールして作っていく行動、活動またはプロセスである。
・遊びは身体や人間関係、心の発達を促すために進化、発達してきたプロセスである。
・体を動かしたいから動かしていることが、結果的に効率的で効果的な筋肉の成長や身体の健康、幸福、つまり、柔軟性や敏捷性、バランス感覚、調整能力や満足の増進につながる。
・遊びによって原始的な感情（怒り、おそれ、嫌悪、ショック、悲しみ、楽しみ）を理解、調整することを学び、より細やかな感情（嘆き、喜び、不快、慈愛、満足、失望）の段階に入っていく。
・遊びは脳の皮質結合や神経機構を促進する。遊ぶとき、神経は体に命じて、脳の発達を促し、柔軟性を高める神経経路を開拓させる。
・目に見える特定の学習成果をあげることよりも、効果的な学習回路を作るのに役立つ。
・人と遊び心のあるやりとりをすることで、人間関係や愛着、言葉や役割、また社会の構造について、正しく理解できるようになっていく。

・遊びは子どもたち自らが遭遇する問題に柔軟に対応していく方法を身につけることを促す。

剝奪される「遊ぶ権利」

しかし、一方、宣言において、

「遊びは、子どもにとって取るに足りないものであると考えられ、大人になって仕事をするための準備やお勉強のような『もっと大切なこと』の邪魔になる必要ないものとして追いやられている」との指摘もされています。

この宣言に先立って出された「子どもの遊ぶ権利に関する世界専門家会議報告書」（IPA、2010年）には、東京の遊びの阻害要因も記載されています。世界8か国で開催されたこの会議の中の東京会議に私も協力しましたが、そこで指摘された阻害要因は以下のものでした。

・遊びの重要性についての大人の認識の欠如
・危険な環境

・親の不安
・遊ぶための場所や施設の不十分さ
・訴訟への懸念
・学業成績への過剰なプレッシャー
・学校における子どもの遊びに対する認識や設備の欠如
・型にはまった、プログラム化された自由時間
・子どもの遊びのハイテク化と商業化
・施設で暮らす子どもたちの環境

また、このとき、東京の専門家会議では指摘されませんでしたが、世界的に見られた阻害要因の中で、以下も日本に当てはまると私は考えています。

・国や地方政府の遊び政策が不十分か、または存在しない
・排除、差別、隔離、排斥
・貧困と生存競争

このように、児童遊園の貧弱さ、障害のある子もない子も一緒に遊べるインクルーシブな公園の不整備、貧困家庭の子どもたちの居場所のなさなど、問題は山積しているのです。

子どもも大人も遊びを知らない

さて、もし遊ぶことが人間にとってそれほど重要であるとするなら、子どもたちの遊ぶ機会が奪われてしまったら何が起こるのでしょうか。

20年前の大人たちへの調査で、子どもの権利の中で行使させたくない権利として「遊ぶ権利」が挙げられ、教師では3位、保護者では2位でした（松倉聡史《としふみ》「教職員・保護者・生徒の条約意識比較調査I」『学習　子どもの権利条約』、日本評論社）。当時の子どもたちが今、ちょうど親になっています。子どもの頃に遊ぶことを否定されてきた大人たちは、今、どんな子育てや教育をしたいと考えているでしょうか。遊びよりも学びを優先すべきであるという考え方が継承されてしまっているとしたら、それは子どもたちにどのような影響を及ぼすでしょうか。

「遊びの重要性に関するIPA宣言」は、遊びの剥奪についてこう書いています。

・遊ばないことは、子どもから発達的に欠かせない経験を奪うことであり、結果として、感情的、身体的、認知的、また社会的な障害が引き起こされることもある。
・普通に遊んだ経験がない子どもは、暴力性、反社会性を示す傾向が高くなる。
・もし子どもたちが囲い込まれ、外に出て遊ぶことを許されなかったら、攻撃性や抑圧された感情に由来するさまざまな症状を示し、社会的技能が育たず、活動性は鈍り、肥満になる可能性が高くなる。
・子どもの頃に遊びを制限する環境的要因、たとえば、遊ぶ時間が少ないなどがあったと報告している大人は、肥満がちであまり健康的生活を送っていない傾向がみられる。
・子どもの頃に遊ばないと、脳はしかるべき発達を遂げない。
・人と接触しないなどの継続的な感覚的剝奪は、うつ症状や引きこもりなどを引き起こし、さらには脳の電気的活動も徐々に低下させ、その他にも影響を及ぼす。
・ヒトの遺伝物質の研究によって、ある一世代で起こった剝奪の影響が、何世代にもわたって反映される可能性があることが明らかになってきた。

日本教師教育学会では、2017年から数人の大学教員によって「教師養成と子ども文化――そして遊べる教師はいなくなった、遊べない教師たち」という小さなラウンドテーブルが持たれていますが、自由な遊びを制限されて育った大人たちの中に、教員であろうと親であろうと、自分で主体的に遊ぶことを体験していないために遊び方がわからない人たちがいるようなのです。当然、子どもたちに主体的に遊ぶ楽しさを伝えたり、遊んでいるところを見せてモデルを示したりすることが難しくなっています。

遊びの創造者から遊びの消費者へ

そうした大人たちに囲まれて育った子どもたちは、サッカーのようにコーチがいてルールがある中でプレイすること、有料の遊園地のように動く装置に乗ったり仕掛けを楽しんだりして遊ぶこと、遊び方が決められた安全な遊具のある公園で約束を守って遊ぶこと、スマホゲームのようにあらかじめ誰かがプログラムした遊びに乗っかって遊ぶこと、家の中で静かに少人数で遊ぶことはできても、かつての子どもたちのように、特に遊具も設備もない戸外で大勢の子どもたちの中に自分の居場所を見つけて工夫して遊ぶことは難易度が高すぎるようです。

そもそも街の公園はきれいに整えられた憩いの場になっていて、子どもたちが何かを壊したり植物を荒らしたり大声を上げたりしないように、あらかじめ禁止看板が立っているところが多く、道理をわきまえるまでに育っていない子どもたちが夢中になって遊べるような条件が整っていないこともあるでしょう。「やらかしてはいけない」という制約の中では、ゲーム機やスマホに向かって、その中で興奮を得て遊んでいるのが一番安全です。子どもたちがゲームに依存していくのは必然でしょう。

一方、現在、日本でも遊びがいわゆる非認知能力を高める方策、ツールとして着目され、活用されるようになってきました。促成栽培のように自然でない環境で育てられた子どもたちの様子がおかしいと感じる人たちが増えたのかもしれません。勉強ができても人とのコミュニケーションがちぐはぐになってしまったり、他者への尊厳を大切にできなかったり、実際に持つ力に比して自己肯定感が低すぎたり高すぎたりする人たちが目立つようになってきたのかもしれません。また、感覚統合の不具合が目立ったり、コミュニケーションの取り方が独特だったり、外に出ても遊具がなければ遊べなかったり、ルールのある名のついた遊びしか知らなかったりといった子どもの報告が子育ての現場からなされています。

遊び体験でも経済格差が進む

自分の子どもが学力・運動能力を上げ社会的成功を収めることを望むという発想は、子どもの発達においてはむしろ学力（認知能力）の基盤となる非認知能力が必要であるということが知られるようになった現在、より情報収集能力と資金力のある階層の間で、自然の豊かな地に作られた学校に通わせたり、塾や習いごとのように遊び場に通わせたり、協働的な場を作って対人コミュニケーション能力やリーダーシップ教育を施したりして、真に優秀な子どもを育てようという流れを生んでいます。

そのような家庭では、海外の発展途上国や日本でも地方に作られた自然環境に恵まれた「最高」の教育環境に自分の子どもを送り込んで育てています。インドネシアのグリーンスクール、コスタリカのモンテッソーリ教育やシュタイナー教育の学校他、日本にもそういう学校が次々と作られるようになりました。

また特に東日本大震災以後、つまり、放射線の影響によって外で自由に遊べなくなった子どもたちへの関心が高まって以降、日本のあちこちで、遊び環境の貧困化や自然体験の剝奪が進んで子どもたちに遊ぶ力が自然に身につかなくなっていることに注目が集まるようになりました。肥満や体力低下の問題も指摘され、もっと子どもたちを遊ばせる必要があるだろうと、企業やスポーツ団体が大規模で魅力的な有料の遊び場を作り始め、自治体がそれらに資金投入する動きが加速しています。遊びの価値が認められてきたこと、遊び場が整備されてきたことは喜ばしいことですが、一方で、そのような恵まれた場所に行ける子どもと行けない子どもの遊び格差、体験格差は広がるばかりです。

かつて家の周りの路地や空き地で年齢問わず自由に遊んでいた子どもたちは、数十年前から、自動車産業が栄え宅地化の進んだ日本において、道路や地域の危険と空き地の減少によって安全な公園の中で遊ぶように誘導されました。そしてちょうどその頃、テレビが各家庭に入り、子どもたちは家の中で知的な刺激や有用な情報にあふれるテレビを見て過ごすという習慣を身につけていったのです。

そして今では、公園の中でも、そこへ行く途上も、子ども同士では危険ということになって、保育園や幼稚園、こども園、あるいは放課後こども教室や学童保育に、年齢別に登録して、さらに限られた条件の中であるからこそ安全が確保された学校内あるいは狭い施設内で遊ぶことを余儀なくされています。「心が折れるより骨が折れたほうがましだ」という言葉がありますが、子どもの事故の責任を追及される社会においてそんなことを言ってはいられません。子どもを預かる施設では、子どもに擦り傷一つつけず、できれば宿題や習いごとをさせて無事に家に帰すことが、その場にいる大人たちの仕事となっているのです。

貧相な遊び環境に置かれた多くの子どもたちは、そもそも宿題や部活等によって自由な時間が少ない上に、たとえ自由な時間があっても他に行き場もなく、少子化の中で兄弟姉妹と遊ぶこともままならず、むしろ習いごとや塾のゲーム感覚、競争感覚を楽しみとして過ごし、すき間時間にICT機器の中で居場所と遊び場を見つけているようです。

さらに、2020年に始まったコロナ禍において子どもたちの育つ環境は悪化しています（子どものからだと心・連絡会議『子どものからだと心白書2020』、ブックハウス・エイチディ）。

フリーな居場所を地域に作る

そのような中で、子ども時代を保障する豊かな遊び環境を住宅地の中で守ろうと、遊び場作りや児童館などの活動に関わってきた人たちがいます。地域の中にフリーな居場所を作っていけば、子どもたちが地域に出てくることができると考える人たちも現れました。

地域の遊び場は、かつての遊び場や近年急成長している商業ベースの遊び場とは機能が異なります。子どもたちの養育環境の一つとして、それらの遊び場がどのような特徴を持つか、図８にまとめてみました。規模や立地、運営はどのようにされているのか、リスクの有無など、比較してみてください。

現在、「森のようちえん」（１日のほとんどを野外の自然の中で過ごす幼児教育を行う団体で、現在全国に２５０以上ある）が行っているような、自然保育を進めよう、子どもたちを戸外で育てようという活動、園庭や校庭を自由で自然豊かな遊び場に変えようという活動が盛んになっています。しかし、そういう場でさえも、大人の関与によって大人の意図が先行した場になってしまうことがしばしばあります。

「子どもたちには自由で楽しい遊びが必要」だから、「（大人が先頭に立って）子どもを楽しく遊ばせよう」「（遊びを知らない子どもたちに）遊びを教えよう」「（遊べていないから）主体的に遊びなさい」というわけです。大人が子どもに「やらせる」モードになっている時点で子ども中心ではないのですが、子どもにいいことをさせたいという善意の大人はこの矛盾に気がつきません。今の時代に遊べる養育環境を作ることは、大人が関与しつつ関与しないという絶妙なバランスが求められ、難しいのです。

そこで、誰もが遊べる養育環境を作っていくために、それができる大人が増えるようにと、「プレイワーク」という専門分野が日本にも広がり始めています。プレイワークとは、1980年代にヨーロッパで生まれた対人援助の新しい専門分野で、それまで子どもと関わる専門職の人たちの中で培われてきた、環境作りや子どもとの関わり方の経験や知識を、専門知識として学べるよう体系的に構築したものです。

イギリスでは大学院レベルで学ばれていますし、ヨーロッパ各国では、保育園や児童館、冒険遊び場（子どもたちが自然素材を使って主に野外で自分のやってみたいことを実現する遊び場。プレーパークともいい、日本には400か所以上ある）といった既存の場所だけでなく、小児病院や少年院、児童養護施設といった、子どもが関わる多くの場所で、専門知識を備えたプレイワーカーが活躍しています。日本でも、子

図 8　遊び場の比較

商業ベースの遊び場	地域ベースの遊び場	かつての遊び場
有料	無料	無料
大規模・遊具の充実	小規模	小規模・路地
備え付けの遊具や施設を使ってその時間だけ遊ぶ	自由で主体的に過ごせる居場所	自由で主体的に遊べる居場所
親に連れられて行き親子、知っている者同士で遊ぶ	子どもの足で行き、利用者と遊ぶ	子どもの足で行き、多様な近所の子と遊ぶ
リスクはないのが前提	リスクがありうる	リスクは少なくない
十全な管理	最低限の管理	地元の大人の視線
企業や団体による運営	地域住民の参加や視線	基本的に大人はいない
資本投資	手弁当	なし(空地・路地)
営利ベース	ボランティア・福祉ベース	子どもたちベース
システマティックに短期養成された企業スタッフ	試行錯誤しつつ悩む生活保障のないスタッフ	スタッフ不在・自主的にのぞいている大人

筆者作成

どもたちのやりたいことができるよう、思う存分遊べるよう、遊べる環境を作って維持する活動をするプレイワーカーが徐々に市民権を得てきました。

さて、改めて子どもへのマルトリートメントを予防する養育環境として地域に遊べる場があることの意味を考えてみましょう。4つあります。

1 日常的な自然体験の提供による健康被害の予防の場
2 個人の能力開発を目的としない継続的な社会体験の場
3 有機的で広がりのある生活の場
4 安全・安心なコミュニティを作っていく場

ICT機器とのつきあい方

最初に考えたいのは「日常的な自然体験の提供による健康被害の予防の場」です。

1970年代にテレビが教育効果と情報収集を宣伝して広がり、子どもたちを屋内に留めたように、今やスマホやパソコンは国内外の情報収集とデジタルネイティブの育成に必要であるとみなされ、子どもたちをさらに小さな画面の中に留めようとしています。

日本ではその代償となる健康被害を低く見積もっていて、他の国のような対策をしていません。ＩＣＴを使いこなせれば将来の成功につながる、静かにしてくれて大人がラクと、０歳から積極的にスマホで遊ばせる親も少なくありません。

メディア依存が原因で死者の出た韓国では、依存症の子どもたちを自然豊かな地でキャンプ体験させて治療しており、日本でも長期にメディア断ちをして依存症状から脱出させるプログラムがありますが、日常生活に戻って機器に触ってしまうと再発するため苦慮しています。依存性や健康被害が指摘されている機器を子どもたちに渡すことがマルトリートメントにならないよう早急に対策が求められます。

そのためにも、そもそもやめられないように作られているスマホなどのＩＣＴ機器やソフトより子どもたちが夢中になれる遊び環境を整備していかなければなりません。日常的にキャンプ同様の体験ができるように、地域や学校の校庭に冒険遊び場のような場があり、子どもたちがそこで遊べる条件整備を、国家として早急に実現してほしいと思います。

遊びに集中できる環境を

2つ目は、「個人の能力開発を目的としない継続的な社会体験の場」です。

子どもが歩いて行ける距離に、おなかの中の赤ちゃんから100歳過ぎの高齢者まででさまざまな人たちが集っている場があれば、兄弟姉妹の少ない子どもも対人コミュニケーションの機会を得ることができ、また人の生き方のさまざまなモデルを見ることができます。一対一になりがちな親子関係から離れて、言うことを聞いてもらえない年上や年下の子どもたち、多様な家庭環境の子どもたち、地域の大人たちに出会う機会は貴重です。親に連れていってもらって見守られている遊び場、あらかじめ子どもの発達や能力開発を目的として計算された遊び場ではなく、自分の意志で、自分の足で毎日のように通って、行って遊びを通してさまざまな社会体験を重ねていくことが、子どもの育ちには大切です。

有機的で広がりのある生活の場

ディズニーランドは夢の国です。入場料を払って門（ゲート）から入れば、さまざまな楽しい体験をさせてもらえます。よりよい環境をと計画された遊び場には、偶発的に起きるいわゆる「事件」の心配がありません。そこにいる人たちは限られたスタッフと入場料を払って入ることを許された客だけです。その中は夢の国なのですが、入れた人たちだけの国です。

放課後児童対策が始まって、今の子どもたちは、とうとう門や柵や壁に囲まれた学校、学童、保育園などと家との往復だけの生活になりました。安全な空間の中で毎日を過ごしていますが、広い地域社会の中で生活してさまざまな有機的な刺激を受けることが圧倒的に減りました。地域の実感がない子どもたちも少なくありません。

では、地方の子どもたちには地域があるのでしょうか。実は地方の子どもの移動手段は自家用車で地方の子どもたちのほうが地域を歩く機会が少なくなっています。ここで興味深い実践研究をご紹介しましょう。青森県の自然豊かな地域の小学校で、車通学の子どもたちが「キレる」傾向に気づいた先生が徒歩通学を推進したところ、子どもたちの体温が上昇し、落ち着き、学力が上がり、基本的生活技能を獲得していなかった子どもたちも獲得できるようになったというのです（小鹿和男「歩かない子どもは退化する」『子どものからだと心白書2019』、ブックハウス・エイチディ）。

家の近くに遊ぶ場があり、毎日そこに出かけていくということは、日々の町の営みを感じ、人の息吹や変化を感じながら育つことになり、子どもたちに自分という人間の現在と将来について考える機会を与え、体力や学力、生活能力を上げることにもなります。私たちは子どもたちがどこでどのように生活しているのか、遊びに限らず生活そのものの見直しをしていく必要があるのではないでしょうか。

安全・安心なコミュニティを

地域の遊び場は、音が出ます。匂いが出ます。トラブル頻出で周辺地域に迷惑をかけます。そうなっても許容される地域コミュニティがなければ、運営できません。人が人と関わりを持って生きていくことが前提の場です。迷惑をかけないためには関わらなければいいのですが、子どもはそもそも育つ過程で、食べて排泄して汚して、泣いて笑って周囲の人たちを動かす存在です。誰も皆そういう時期を経て大人になりました。地域の遊び場は、オフィス街のビルに通って子どもと関わりを持たない人たちにも、子どもを育てるためには自分たちの関わりが必要であるということに気づく機会を提供する場です。

地域の遊び場は税金で運営され、そこに集まる人々皆の居場所である必要があります。空地でも路地でも、コミュニティガーデンであってもいいでしょう。ボランタリーな活動の力も借り、常に地域の人に開放されます。そこには利害関係も生まれ、住民同士の対話が必要になります。そこに空間があり、子どもたちを始めとした人々が集まることによって、交流が生まれ、地域のことを考える人たちが増えていくでしょう。そのためには、地域コミュニティを動かしていくことのできる人が必要になります。

また、近年は、少しでも危険な遊びは子どもにさせないという大人が増えているため、過剰な防衛にならないような工夫も必要です。ウェールズでは、予測できない危険によって子どもがケガをした場合、そこにいた大人の責任を問わないという法律を作って運用し、子どもたちを思いきり遊ばせられるようにしています。皆でよく検討し、合意しなければ子どもの遊びを保障することが難しい時代なのです。

すべての子どもの生きる権利、遊ぶ権利を保障するために、コミュニティベースの無償の遊びの場と機会の保障が求められています。

第5章 社会で「やりすぎ教育」を予防する

大人になることが不安

子どもたちは今、いい子であること、成功することを求められています。「身につけなければならないコンピテンシー」を優先して身につけるように求められ、何が身についたかを評価されます。小学校6年生の半数近くが、土日も含めて放課後に1日平均2時間以上勉強していますが、これはつまり、その分、日常の生活体験や遊びの時間、自分で自由に考えて動く時間が少なくなっているということです。それで彼らの思考力や対人コミュニケーション能力の不足が指摘されるのは理不尽です。

テレビでは、めざすべき成功者である政治家や官僚が嘘をつき居眠りし質問に答えず、我を通しても忖度される様子を日々見ているのに、道徳の授業ではあるべき姿を教えられています。今、日本で進行していることをちゃんと思考したら、大人になることが不安になるのも希望が持てないのも無理はありません。

それでも、自分で養育環境を作ることも情報収集することもできない子どもたちは、育ててくれる人の価値観を信じて生きていくしかありません。自分の身近な大人がよかれと思って提案してくることを拒否できません。きちんとしなさい、学校に入りなさい、就職しなさい、スポーツができなければいけません、習いごとに通ってダンスだって踊れるようになりましょうと言われますが、誰もがすべてをできるわけはありません。

少なくない子どもたちは、自分に示されている状況に割り切れない気持ちを抱えたまま、大人社会のひずみを反映するようないじめに巻き込まれ、不登校、うつ、引きこもり、精神障害、非行、そして自殺に向かっていってしまうのです。メディアに依存してしまうのはそこが唯一逃げ込める場所だからなのです。

かつて悩める子どもだった大人たちはこのような状況だからこそ、逆説的に、この社会を生き抜いていくための少しでも安全なレールに自分の子どもたちを乗せてあげたいと思うのでしょう。悪循環が起きています。子どもたちは大人によって決められた予定調和の世界の中を走って、大人の想定範囲内で自分の希望を述べ、大人の意思によって育てられていきます。

商品化の究極の形

たとえば、こんなふうに育てられるのはどうでしょうか。

「育ちに関する基本設計を作成して、マニュアルに沿って必要な要素を適宜投入しつつ、無駄を省いたその子に最適な一貫性のあるカリキュラムで、効率よく基礎学力をつけ、その上で個人プログラムとチームプロジェクトとを並行させながら、子どもの余裕に応じて個性を伸ばす自由課題にゲーム感覚で取り組ませる。課題の中には、泥遊びもキャンプといった自然体験も組み込み、じゃれつき遊びやチームスポーツ、インプロビゼーションを取り入れたさまざまなジャンルの音楽に演劇、もの作り体験、地元の高齢者や障がい者とのふれあいボランティアも組み込む」

そうしてすくすく育った若者は「世界各国の若者とインターネットでつながって社会課題の解決に取り組み、持続可能な地球のために安全保障の問題や環境問題を解決していく。この養育プランのプレミアムコースには偶然性も組み込まれ、理不尽な体験や傷つき体験も回避できないようになっている。それらを止揚して乗り越えていくことが課せられ、オプショナルとして万が一の場合の救済カウンセリングもつけられている。もちろん、このコースには、途中で自分の好きな時期に休みを取って自由な時間を過ごす特別休暇制度も含まれている」

このように、作り込まれたロールプレイングゲームのような育てられ方で成功する子どもたちも一定数いるかもしれません。でも、このゲームをクリアできる子どもは多くはないでしょう。また、子どもたちの人生をこのように最後までうまくコントロールできる大人が多いとは思えません。そもそも、これほど大人の掌《てのひら》の上で踊らされて、子どもたちは自分の人生をわくわく生きていくことができるのでしょうか。

有名高校や大学の相談室には、大人の言う通り頑張って勉強して入学してきた生徒や学生たちが、やりたいことがわからなくなったと悩んでやって来ます。合格している彼らはまだよいほうで、不合格になって深い傷を負ったまま大人になっていく者たちがいます。若い頃にコンプレックスを持った人たちがそのまま大人になると、次の世代の子どもたちが代理競争のように勉強させられることになります。あるいは、親兄弟やパートナーや友人たちが成功者で自分はそうでないと感じている大人が、理想を投影した子どもを代理に立てて勉強させるという例は後を絶ちません。

たとえ、学校をうまく通過して、無事に有名企業や官庁に就職しても、そこには過労死や自殺のリスクが待っています。近年、過労死や過労自殺の数は年間２００件前後で推移していますが、その何百倍ものうつ状態が存在していると思われます。

私の知人の中には出世したけれど脳卒中で倒れて寝たきりになった人がいます。うつ病になった人もいます。ある知人は、毎日残業続きの生活を送っていましたが、ゴールデンウィークに実家に戻り家族団らんで過ごしたら、連休明けにうつ状態になって会社に行けなくなりました。会社を辞めて地元で家族とゆっくりと暮らしたいと言い出したのです。上司はびっくりして精神科に連れていきました。精神科医は、あなたは病気ではないですよ。自分の生活がおかしいことに気づいてしまったんですねと言いましたが、上司はせっかくのキャリアを棒に振るのかと本人を説得し、知人はすっかり「よくなって」仕事に戻ったそうです。

かつて私が関わっていた精神神経科思春期病棟には、各界で活躍する著名人の子どもや孫たちが少なくない数、通院、入院していました。成功者が自分中心の発想で生きている周辺で家族が苦しんでいましたが、子どもや孫が不登校やうつ病や自らの生育環境に対するやり場のない感情で苦しんでいても、彼らの人生は成功といえるのでしょうか。

ここ30年増加している発達障害についても考えてみましょう。発達障害の増加理由は、環境化学物質、メディア視聴、睡眠、ストレスなどいろいろと推測されていますが、私はこれらの要因以外に、近年の養育環境の変化も原因ではないかと推察しています。

人は生まれてきたときに誰でもどこかに脆弱《ぜいじゃく》性を持っているものです。それが、豊かな自然の中で育ち、適度な刺激を受けて周囲の人々との対人関係の中で揉まれるうちに修正され、社会の中で特に問題なく過ごせるようになったり、逆に持ち味や強みになったりしていきます。でも、脆弱な部分がもともと顕著な場合や、自然に補完がなされていくような養育環境に恵まれない場合、脆弱性がそのまま、あるいは強化されて、バランスを欠いた発達をせざるを得なくなります。脆弱性を減じるような養育環境がなくなれば、必然的に発達障害が増加することになるでしょう。

かつては、子どもの頃に「落ち着きのなさ」「コミュニケーションの取りにくさ」を指摘されていた子どもたちも、大半は大人になれば立派な仕事をするようになりました。あるいはそのまま大人になったとしても、「地域コミュニティ」はそういう子どもや大人を含めた多彩なメンバーで支え合って共同体を構成していました。でも、今の時代においては、そのような発達のバランスの差異が顕著な人たちは、規律を強く求める学校生活や社会生活で悪目立ちし、いとも簡単に障害とラベリングされるようになったのです。

子育てに正解も不正解もない

子どもがどんな状態であろうと、それを周囲の人間が丸のまま受け止めれば、子どもは自分と自分を受け止めてくれる他人を肯定することができます。「かわいい」とか「利発だ」とか「礼儀正しい」といった価値観で子どもを値踏みせず、親が子どもをありのままで受け容《い》れられるようになるまで誰かが親子を支えられる社会を作りたいものです。

ある発達障害の子どもはすぐにかんしゃくを起こす子どもだったので、親は嘆き困り切っていました。でもよく様子を見ていると、かんしゃくを起こすのは、自分の大好きな友達が他の子にいじめられそうになったときなど、きちんと理由があったのです。親は「うちの子が迷惑をかけないようにしなければ」という責任感で一杯一杯で、子どもを客観的に見られなくなって状況を悪化させていました。周囲の大人たちがこのことに気づいて間に入ることで、その子どもの状態は次第に落ち着いていきました。生まれつき育てにくい子どもも、親が一人で育てれば大変ですが、みんなで見守って集団の中で育てていけば負担が分散されて育てられるでしょう。

また、残念なことに、よりよい環境についてよく学び考えている親の子どもたちが理不尽な要求をする学校に行けなくなったり、子どもの環境が心配で親自身がうつになってしまったりする例が後を絶ちません。親の理想とする世界と学校や子育ての世界とのギャップが親子を混乱させてしまうようです。子どもたちのためには、家庭と家庭外の２つの文化の間に橋渡しが必要ですが、親は理想を掲げた手を下ろせず、学校は親子の苦しみを理解できません。でもそのギャップの間に落ちてしまうのは、子どもたちなのです。こういうときは親子に多様な学校の選択肢があるオランダを思い出します。自転車通学が可能な範囲に特徴のある小さな学校がいくつもあり、公立も私立も学費が無料で転校が容易なため心理的負担もあまりありません。どうしてもこの学校この学級に行かなければならないというプレッシャーが少なくなれば、不登校による傷つきも深くならずに済むように思います。

子育ての世界は、実は何が正解で何が不正解かわかりません。人生に正解不正解はなくて、常に試行錯誤で、ある年齢が来たらおしまいということです。完全に回復不能なまでに（それを私は子どもの受忍限度というのですが）傷ついてしまった場合は別として、回復可能なぎりぎりまで不利な条件で育った人たちは、その経験をもとにむしろ社会を変えるトリックスター（神話の世界に出てくる新旧２つの世界をつなぐきっかけをもたらす賢いいたずらをする者）になりうるのです。幸せな人たちばかりの社会だったら、不幸だったり苦しかったりする人たちのことまで配慮できなくなるおそれがあります。

たとえば、子育て支援の場で素晴らしい活動をしている方たちの中には、ご自身が何かの困難を抱えていた経験があったり、重複障害者と過ごした経験があったり、ご家族に障がい者がいらしたりする方が少なくありません。大変な経験をしたり、している人と接したりすることは、よりよい社会を作ろうとする意欲を持つ人を育てるのではないかと思います。そういうことは私たちの社会にとってとても必要なことで、どんな人生がよくて、どんな人生が悪いかなどと言えないように思うのです。当人は苦しいかもしれないけれど、その苦しみが人を救う原動力になることもあるように思います。

このように、一人の人間を一人で、あるいは一家族で、ある方向に向けてまっすぐによく育てようとしても子どもはうまく育たなくて、何人もの多様な人間の中で迷いながら育つのだということ、迷いのない子育てはむしろマルトリートメントになりかねないということを、私たちはしっかりと認識しなければならないと思います。

赤ちゃん100人、どう育てますか

では、私たちは子どもたちをどのようなコミュニティでどのように育てればよいかを考えてみましょう。私は「ある地域で毎年１００人の赤ちゃんが生まれるとして、その赤ちゃんたちがどう育てばよい地域になるか」を考えるグループワークにさまざまな人に取り組んでもらっています。実際に人口統計がわかる特定地域で実施する場合は、その前年に生まれた赤ちゃんの人数で検討してもらいます。ポストイットでどんな人が必要かを「○○な人」として書き出してもらい、そういう人が１００人中何人いるといいかを考えてもらうのです。

例として「優しい人」（特性）、「英語ができる人」（能力）、「和菓子屋さん」（職業）などを挙げます。１００人全員が優しい人だといいのか、１００人全員を優しい人にすることは可能か、もしそうしたいと思ったら、大人の自分たちは今から20年後までどう行動する必要があるか、自分にできることは何か、できないことは何で、その部分は地域としてどうしたらいいのかなど。このワークは、実際に子どもたちをどう育てるかについて、あるいは「よい地域」について考える機会になります。

１〜２時間では到底結論など出ません。でも、これを議論することは、自分の養育・

教育・地域に対するあいまいな価値観やこだわりなどを吟味し、地域における自分の存在意義を意識化する機会になります。同じ地域に住む人と共に取り組めば、知り合いになって意見交換していくきっかけにもなります。

一つの地域を考えたときに、住民全員が同じ力を身につけるということは非現実的で非効率的です。たとえば、全員がリーダーシップをとれるようになるということはないでしょう。社会にはリーダーの役割を果たす人が必要ですが、そうでない賢い人たちがその何十倍もの人数必要で、リーダーに権力が集まりがちな中で、リーダーをただの傲慢な権力者にしないために皆でどう育てていくか、リーダーでない人たちはどう生きていくことが大切かということを、私たちは考えなければなりません。歴史は多くのリーダーが住民を不幸にしていることを私たちに教えています。むしろ、よい社会にしていくためには、リーダーを育てていく住民をどう育成するかのほうがより重要かもしれません。

自分の赤ちゃんをのちの成功者にしたいと考えている人は、自分の子どもが20年後に成功者になっているとして、「同じ地域の人々の日常生活がどうなっているか」「地域全体が幸せになっているか」「成功者となった自分の子どもが住民から愛されているか」について考えてみたことがあるでしょうか。年間１００人の赤ちゃんが全員成功者になって、それが何年間も続く地域は考えられません。自分の子どもだけが頭一つ抜け出て幸せになることを考えているとしたら、それは結局は無理なことなのです。

逆に、年間１００人の赤ちゃんが十分な養育環境を与えられずにうまく育つことができなかった地域が自分たちの隣にあったら一体何が起こるでしょうか。

誰も正解は持っていません。そのワークショップに市長さんが参加していようと、社長さんや有識者と呼ばれる人たちや有名タレントさんが参加していようと、誰か一人が考えた意見がその地域の方針になってもうまく回らないでしょう。そしてもし素晴らしい方針ができたとしても、20年間ずっと同じ方針ではうまくいかないでしょう。民主的な対話を繰り返し、皆で揺れながら考えていくプロセスに意味があるのです。そしてこれは20年間ではなく、今後、１００年、２００年と続けていくべき対話なのです。

人生のルートは人それぞれ

100人が一つの山を登るのではなく、100人がそれぞれの山を登ることが必要です。それも高い山ばかりではなく、低い山も、里山も。登らないで下の平野に留まる人も必要でしょうし、途中で間違えたと下山してくる人を迎える人も必要です。山々を渡り歩く人も必要かもしれません。いくつもの山を登りたい人も、誰かと一緒に登る人もいるでしょう。いろいろなルートがあって、どのルートも登ってみなければわからない楽しさや難所があるでしょう。一目散に走って登ってしまっては見えない野の花が咲いているでしょう。小さな虫の声が聞こえるでしょう。遭難しかかる人がいたら、みんなが自分の山をいったん下りて助けに行きましょう。山頂からの景色は最初から見えているわけではなくて、登っているうちに天候も季節も変わるかもしれなくて、でもきっと、途中の景色も登頂後の景色も、その人しか見られない感慨を味わえる景色だろうと思います。私はそういう100人のうちの一人として、そのコミュニティにいたいと思います。

OECDでは、しばらく前までは人々の学力（認知能力）を上げましょうと言っていたのですが、最近は、実はそれだけではなくて非認知能力（社会情動的スキル）こそが大切なのであると言うようになりました。社会情動的スキルとは社会情緒的コンピテンシーとも呼ばれ、たとえば対人関係能力のように本来、一義的に定めることが困難で、個人別に測定することがなじまないものですが、ＯＥＣＤでは評価、育成が必要であり、可能であると考えられています。ＯＥＣＤ編著の『社会情動的スキル』（明石書店）は、「子どもや青年期の若者が現代の社会で成功を収めるには、バランスのとれた認知的スキルと社会情動的スキルが必要である」と説き、「子どもたちが人生における成功を収め、社会進歩に貢献することを目指して、関係者らはともに取り組む必要がある」「教育方針やプログラムは学習環境（家庭、学校、地域社会）、進級ステージ（小学校、中学校、高等学校）全体において一貫性を確保する必要がある。これは子どものライフサイクルにおけるスキル投資へのリターンを最大にするための重要な方法である」と主張します。

ここでは、教育は、社会で成功を収める個人を育てるためのものであるということを前提にしているのですが、たとえば、日本の女性が成功を収めるというのはどういう状態を指すか考えてみましょう。

・何千万円も稼ぐ夫の扶養家族である専業主婦
・十分な稼ぎのある夫の扶養控除の範囲で働くパート主婦
・笑顔でテレビに出てくるお天気キャスター
・大企業の代表取締役社長、父親の事業を引き継いだ敏腕の経営者
・共働きで産休明けから赤ちゃんを保育園に預けて、病児保育やベビーシッターを活用してフルタイムで働いているキャリアウーマン
・シングル、ワンオペで子育てしているスーパーのレジ打ちパートスタッフ
・老親の介護のために、進学をあきらめて生活保護で暮らしている独身女性

こうしていろいろな事例を考えてみると、一体誰がいつ、どんな基準で、その人の人生を成功、失敗と判定することができるのかわからなくなります。「成功」の基準も、もしかしたら「成功」ではなくもっと違う状態を理想とする人もいるかもしれないことを考えると、成功する人間を効率よく育てることで人間の未来が明るい方向に行くとは言い切れないのではないかと思います。

教育と経済活性化

前掲書に書かれていた「スキル投資へのリターン」とは、子どもたちにかけたお金の元が取れるかどうかということと思います。子育ての見返りを金銭的価値で測ることは、経済学上必要なことかもしれませんが、そもそも不可能でしょう。あなたの養育費と親が払った税金は、育ったあなたに見合う投資でしたか。あなたの子どもの場合はどうですか。育てられた一人ひとりの子どもたちの幸せをリターンとして換算することはできません。

たとえば、人生の最終ステージに入って、所持金がなくなり、コンビニエンスストアで万引きしてつかまって刑務所に入り、これで食べていけるとほっとする一人暮らしの高齢者は、きっと失敗者と言われるでしょう。

「２０１８年版犯罪白書」によれば、２０１７年に刑事施設に入った高齢（65歳以上）受刑者数は２２７８人で、10年前の約３・３倍。高齢受刑者の割合は受刑者全体（１万９３３６人）の11・８％。女性高齢者は全体の19・７％。高齢者の罪名は「窃盗」が最も多く、特に70歳以上女性では犯罪全体の89・３％。一番多いのは、生活必需品の万引き。万引きによる検挙者数は２万人超です。

こういう人たちがいると社会が「困る」のでしょうか、こういう人たちがこういう社会に「困っている」のでしょうか。彼らは、何かの力が欠けていたからこうなったのでしょうか。

「親、教師、雇用主らは、能力や動機付けを備え、目標志向で、仲間と仲良くやっていける子どもたちほど、人生における波風を切り抜けて労働市場で実力を発揮し、それゆえ人生の成功を収める可能性が高いことを理解している」。そのために、認知的スキルだけではなく社会情動的スキルを測定し、効果的に発達させることが重要だ、と前掲の『社会情動的スキル』には書かれています。

そのような言説が流布している社会において、親が、教師が、かけがえのない子どもを失敗者にしたくないと血眼《ちまなこ》になって子を教育するのは当然ともいえるでしょう。認知的スキルを上げてお金を稼げる人間にしなければ、社会情動的スキルを上げて人間関係をうまくやっていける人間にしなければ、危険すぎる社会なのです。

経済の活性化に取り組む人たちは、日本経済が落ち込んでは大変だと経済を回すことを考えています。失業者が増え、税金を払えない人、生活保護を受ける人が増えれば、国が滅びていくという危惧もあるでしょう。その人たちの生活を十分に保障する社会保障の仕組みは十分ではありません。だから、ＰＩＳＡテストの結果に着目し、思考力、問題解決能力が必要だと教育改革の推進も試みます。さらに国家を挙げて社会情動的スキルの向上のために「幼児期の終わりまでに育ってほしい姿」（厚生労働省）が示され、幼児期運動指針（文部科学省）が出され、子どもの発達に有効な遊びのリストが示され、対人コミュニケーション能力を高めるための授業も開発されてきたのでしょう。ここでは、子どもたちは、社会的成功を収めるために役立つ「主体的な遊び」と「主体的・対話的な深い学び」を実現する環境の中で育てられる目的的な存在として描かれています。

でも私は思うのです。子どもたちにはその子がその子らしく生きていけるようになってほしい。その存在が「かわいい子だから」「賢い子だから」「うちの子だから」と条件づけられることなく、皆に愛されて構われて、自分が生まれてきたことを誇らしく思ってほしいと。

格差社会の幸せとは

私のもう一つのグループワークを紹介しましょう。これは与えられた条件でグループを作るというワークです。たとえば、「5人のグループを作ってください。ただし、男女それぞれ2人以上、30歳代50歳代が一人ずつ以上含まれることが条件です。作れたらその場にしゃがんでください」というような少し難しい課題で、できたグループは座れますが、うまくグループができない人たちが残ってしまいます。座れた人たちは安心して、立っている人たちがかわいそうだなあといいながら雑談して待っています。実は、すでに座っている人たちの一部の人でいいから、立っている人たちに「何に困っているのですか、何が不足しているのですか」と聞いて、あらためてみんなで組み換えをすれば、全員座れるのだけれど、安堵してしまって自分たちの位置を動こうとはしないのです。座れなかった人たちはおろおろしています。

これは発展途上国と先進国の関係を考えることができるワークの応用で、フェアではない社会状況を象徴しています。そして、経済格差のある今の日本においても、格差を考えることのできるワークになっています。子どもたちの学力格差や育ちの格差についても応用できると思います。

ウルグアイのムヒカ元大統領が言うように、全員がとても豊かな社会を作ることはこの地球上ではもはや難しいのです。たくさん持っている人たちが持っていない人たちに自分たちの分を差し出す、あるいは、それぞれの人たちが満足できる範囲内でそれぞれのものを持っていて分かち合う方向を考えなければ地球は持ちこたえられません。全員を成功者にするという非現実的な発想や、何人かの成功者を育てる選良の発想ではなくて、それぞれの人がそれぞれのウェルビーイングを追求できるように、分担し合って生活することを考えなければならないところまで来ているのです。

一方、学校における競争の成功者たちは、幸せなのでしょうか。古い研究ですが、1000人以上の中学2年生を対象とした質問紙調査と精神神経科思春期病棟の患者の事例分析「思春期における挫折体験と心理社会的資源に関する研究」（武田信子、東京大学教育学部紀要第30号、1990年）では、成績優良な子どもたちの中で、成績だけがよい子どもたちと、成績がよくかつ他の趣味や友人関係も十分にある子どもたちとでは、挫折体験があったときの精神的健康度の低下の具合が異なりました。後者は精神的健康度の低下の度合いが低かったのです。

興味深いのは、成績優等生は物事がうまくいっている間は健康度が高いのだけれど、何らかの挫折体験が生じたときに急に精神的健康度が下がる、とりわけ親や教師と密着した関係の子どもはそれが著しいということです。また、いろいろな挫折を体験しても精神的健康度が下がらない子どもは、周りに友人関係があるとか、趣味を持っている、いわゆる社会的資源を多様に持っている子どもでした。ショックがあっても相互に支え合う人間関係を持っていて誰かに和らげてもらえること、人と比較して上下関係の中で自分の地位にしがみついているのではなく、お互いを尊重し合える安心できる人間関係がたくさんあれば、どこかの人間関係で大変なことがあったとしても生きていけるのだろうと思います。

一匹ずつケージに詰め込まれて短期間で効率的に育てられたブロイラー（肉食用鶏）たちは、商品としてのリターンは大きいのだけれど、たとえば歩行困難だったり、毛が抜けたり、さまざまに歪みが生じています。今、日本社会では子どもたちをブロイラーのように商品化するということが起きているように思います。私たちは子どもたちをそのように育ててはいけないと思います。ブロイラーを野生の鶏にすることはできるのでしょうか。ブロイラーを育てる養育・教育はもう変えられないのでしょうか。

私はこういうとき、TED×Sapporo の動画「思うは招く」が530万回以上再生されている北海道の植松努さんを思い出します。植松さんは「どうせ無理」と思ったら「だったらこうしてみたら」と常に考えるようにしましょうとおっしゃっているのです。本書を読んで、日本の子どもたちに対するマルトリートメントの状態が問題だと思った人たちが、「だったらこうしてみたら」と言えるようになることが大事なのだろうと思います。

市民と教育の関わり

多少の教育改革をしても、よい学校を作っても、人間に対する価値観、子どもの人権や人間の尊厳を大切にする意識、日常生活のウェルビーイングを大切にする姿勢などが変わらない限り、日本の教育の本質は変わらないだろうと私は思っています。

そこで、海外のさまざまな国で子どもの育ち方や市民と教育の関わり方を学び、日本と比較し、その違いを考えてきました。

オランダで出会った大学教授ウィム・ウェスターマン氏は、元小学校の先生でした。日本から来た私に「研究テーマは何か？」と聞いてくださったので「テーマは、オランダ人の暮らしと子どもたちの様子をこの目で見てから決めたいと思っている」と答えました。そうしたら「教育のことを考えたかったら、まずは実際の人々の生活を見ることからだね」と自分の町に連れていってくれました。そうして、子どもたちが日々をどう暮らしているか、学校はもちろんのこと、遊び場や公民館や図書館をぐるぐる案内してくれました。

彼は、若い頃、オランダの教育を現場から改革しようと取り組んだ若手教員7人のうちの最若手で、その後、EUの発展途上国の教育支援団体の長として、アフリカなど各地の教育支援に取り組んだ人でした。教育を変えようとするならば、その地の文化を知り、慣習を知り、親子の様子を知ってボトムアップで動かさなければ機能しないばかりか、積み上げられた文化を壊しかねないということを痛感しておられる方だったのです。

そんな彼は、後にある市の副市長になりました。副市長になって彼がしたことは、街の人たちから年齢問わずボランティアを募って、自分たちの町の15年後を考えるというワークショップをあちこちで開くことでした。10歳の子どもが25歳になったときの街を皆で対話しながら想像して絵にしていき、どんな教育が必要かを考えるのです。私もこのワークを文部科学省職員対象の研修を含め、日本各地で実施してきました。今やあちこちでこのワークが実施されているようです。

教育は自分の子どものことだけではない

教育のあり方は、市民が皆で民主的に対話しながら決めていく必要があります。自分の思う教育がいいと主張し、勝ち負けを競うディベートで決めるものではありません。

スウェーデンのルンド市は、教育に関する表彰を何度も受けてきた都市です。教員組合と各政党代表が何年も前から定期的に楕円形のテーブルに集合して、市の教育方針についての話し合いをしているので、政権が代わっても子どもたちに対する教育方針は変わることがないそうです。

カナダのオンタリオ州では、教育についての決定をする会議に市民代表が加わっています。教育は自分の子どもだけのことではなく、子どもを持たない人も含め、市民がそれに責任を持つコミュニティの将来を決める重要案件だからです。また、カナダには、子どもの声を聴くことを仕事とするアドボケット（アドボケイト）がいて、当事者である子どもたちの意見を政治や行政の世界に伝えるさまざまな工夫をして施策転換を図っていました。

オランダには、学校設立の自由、学校選択の自由、教育の自由がありますから、自分の子どもの教育は、親子で学校を選んで、あるいは仲間を集めて学校を設立して行うことができます。そのため、今、急速に日本に広がってきているイエナプラン教育だけでなく、公私の多様なオルタナティブ教育がいくつも立ち上がり、伝統的教育を行う学校とも互いによいところを取り入れながら、影響を及ぼし合っています。親子は多様な選択肢の中から自分たちのニーズに合わせて学校を選び、もしぴったり合う学校がなかったら作ればいいのです。また、予算の裁量は、各学校の公募で選ばれた校長に任されていて、その学校に特に必要な教職員の給与や物品費に使えるようになっています。予算は子どもの数によって変動します。

デンマークでは、民主主義に基づく対話が重視されています。全員違う党を支持している20代前半の若者たちが自作のグループワークを紹介してくれたのですが、それは、各政党の主義主張を学びながら、座標軸に各政党、自分、グループメンバーの立ち位置を書き込み、議論していくというものでした。彼らはそのワークを学校教育外で市民に広げ、市民のための政治教育を促進しようと活動していました。

キューバでは、「価値教育」が大切であるという説明を受けたのですが、それは「正しい価値を教える」ものではなく、さまざまな価値観を学んだうえで「自分の価値観を作っていく」手助けをする教育でした。ハバナのパウロ・フレイレ・コミュニティ・センターでは、市民が自分たちの手でコミュニティを作っていく力をつけるための市民教育のワークショップが開催されていました。また、大学では、教員志望の学生たちが、教育実習先で学校現場の課題を見つけ出し、その解決策を提示するのが卒論でした。よい卒論はクラス代表、大学代表、地区代表と選出されていって、ボトムアップで提案された改善案が、最後には国家施策としてトップダウンで実施されるのだということでした。

日本の教育施策立案の問題点

日本の場合、養育・教育施策はどう決められているでしょうか。

国や地方自治体において諮問を受ける合議制の審議会は、あらかじめ決められた方式で進んでいきます。養育や教育の方向性を決めるのは、有識者や利益代表の事業者です。エリートの委員たちが知っている養育や教育の世界は多くの場合、エリートの子どもたちの世界です。「今どきの大学生は」と発言する先生が有名大学の先生のとき、今どきの若者の姿というのは優秀な学生の姿です。

私がかつてメンバーだった子育て関連の会議メンバーの大半は男性で、子育てに主として関わった経験がない方々でした。また、子育てに関するヒアリングを受けたある官庁のメンバーも全員子育て経験がない若手でした。

保幼小中高大学の教員比率は、対象年齢と給与が高くなるにつれて圧倒的に男性が多くなり、さまざまな子ども関連学会の会長や理事も教育メディアの著者の大半も男性です。子育ても教育も保育も福祉も、日本における政治、行政上の決定権は、必ずしも子どもに近くない男性にあるのです。

また、ある都市の子どもの人権に関する会議は事前にいくつかの制限を加えられ、自由な議論のためにという理由で議事録を取りませんでした。別のある都市の子どもの人権に関する会議では、子どもの権利に関するパンフレットの冒頭に、子どもの義務と「わがままは止めましょう」という文言を書き込まなければ議会を通らないという説明を受けました。

このような場で日本の養育や教育の方針が決められているのです。市民の小さな意見はパブリックコメントという形式的なガス抜きで丸め込まれてしまって尊重されません。そして、もしその会合で議事進行案以外の発言や反対意見を言った場合、次回からの会合メンバーからは外されやすくなります。

これからの時代の養育・教育に関する議論は、民主主義に基づく対話で進められなければなりません。会議はあらかじめ定められた内容についての合意形成の場である以前に、当事者の意見を聞き、議論する場である必要があるのです。それが社会正義でしょう。お互いに責め合ったりすることなく対話できる関係性を作ったり、忖度して調和を図るのではなく議論して合意形成したりできるようになる必要があります。

たとえばカナダのオンタリオ州では、州の被虐待児たちの代表の高校生が被虐待児支援のあり方を決める会議に当事者として参加していました。会議にはメディアが入って中継され、決定のプロセスを誰でも知ることができました。

今、オンラインでどんな人たちからでも意見を聞くことができる時代です。会議ファシリテーションができる人材も増えてきました。子どもたちも交えた民主的な会議を開いて、その意見を整理し統合していくことが、ＩＣＴ活用で可能な時代になっています。女性たちも、今まで人前で発言する機会が少なかったかもしれませんが、徐々にできる時代になると思います。そうしなければなりません。

「よい子」より「人の尊厳を尊重できる子」に

グローバル経済化が進む中で日本が歩み続けるためには、優秀な人材を育てることに注力し、その人たちにお金を回し、その人たちがうまくお金を増やして要領よく稼ぐことのできない貧しい人たちや、経済的な効果は小さいけれど人に必要な活動をしている人、さまざまな事情で稼げない立場にいる人たちに、自分たちが稼いだお金を回すようにすることで、すべての人々が助かると主張する人たちがいます。でも理論的には成立しそうなそのような方策ですべての人のウェルビーイングを実現している社会はあるのでしょうか。すでに第1章でガンジーの言葉を紹介しましたが、お金や権力を持つと、どうも人はそれを守ったり増やしたりする方向に行きやすいようです。

私は人を育てていくときに重要なのは、よい人、賢い人を育てることよりも、迷いのない人、人の尊厳を大切にできない人、共感性に乏しい人を育てないことだと思います。

先日、新しく立ち上げた学校の教職員たちと「30年後にこういう卒業生がいたら困るな、嫌だなという卒業生はどんな卒業生でしょうか。そういう卒業生を出さないためにはどんな教育が必要でしょうか。話し合ってみてください」というグループワークを行いました。通常、大人は子どもたちをどんな大人にしたいかということを考えるものですが、どんな大人にしたくないかはあまり言語化しません。

子どもたちの将来は大人たちの想像を超えて無限に広がりますが、大人が責任を果たすべきなのは、子どもたちを、想像できる限り、他人を傷つけない大人にすること、最低限、生活困難に陥らない力をつけること、自分のことだけを考える大人にしないことなど、社会を破壊する方向にしない大人に育てることではないでしょうか。

子どもをエリートに育てたい人たちはたくさんいて、学校教育外でさまざまに育てていくことは勝手にやっています。塾や家庭教師、そもそも親が子どもを教育できてしまう家庭もたくさんあるでしょう。そういう養育環境にある家庭のことはとりあえず置いておいて、公教育は、悪条件で育っている人たちをどう救い出し支えるのか、悪条件の連鎖をどう食い止めて人生に希望を持たせるかを考えることが何よりも優先されるべきでしょう。

マルトリートメントの予防、具体的なアクション

自分で自分の育つ環境を作ることのできない子どもたちは、「子どもの育ちについ

て知らないことに気づかない、育て方がわからない、孤立した」大人からマルトリートメントを受けることのないよう配慮されなくてはなりません。大人はすべての子どもたちがマルトリートメントを受けないように、予防のためのアクションを起こさなければなりません。

すでにここまで書いたこと以外に、必要なアクションをまとめます。1と4は仲間を見つけて取り組むことです。2と3は特に一人ひとりの親や教員がやりすぎに気づき、止めるために個人の思考トレーニングとしてできることについて書きました。5以降は皆で実行することが望まれるアクションです。

1　複数の子どもを複数の大人で育てる

自分が子育ての全責任を担っていると、力が入りすぎます。視野も狭くなりがちです。他の親子の様子を参考にするためにも、居住地域の他の親子が集まっている場に出かけて、子ども同士で遊ばせたり、自分の子どもの世話を他の人に頼んだり、自分の子ども以外の子どもの面倒を見たりしてみましょう。大人が多すぎると目が行き届きすぎて口出ししてしまいがちなので、大人の数は子どもの数より少ないほうがいいでしょう。子どもたちの自由度を高めましょう。安全な広い空き地や共同の畑や手仕事の場を探すか、作りましょう。風通しのいい子育てを心掛けましょう。

２　子どもの人権について学ぶ

すべての子どもの最善の利益について考え、子どものウェルビーイング（身体的・精神的・社会的に良好な状態）の実現の方策を考える必要があります。そのために親も教員もすべての大人は子どもの人権について学ぶ必要があります。特に日本の子どもたちの状況を理解するためには、子どもの権利条約第31条「子どもの遊ぶ権利に関するジェネラルコメント№17」が役立つでしょう。フェイスブックのグループページ「遊ぶ・学ぶ・育つ」（https://www.facebook.com/groups/773953616059770/）にも抜粋して掲載しています。

３　子育てや教育について再考する

ここでは、以下の３つの観点で自分の子育てや教育を振り返ってみましょう。

①自分の言動の振り返り

自分の子育てや教育のあり方を具体的に振り返ります。子どもの立場に立ってみるために、誰かに気になる場面の写真を撮ってもらったり、やりとりをその場で録画したりして見てみる他、誰かに感想を言ってもらうのもいいでしょう。そして、自分の子どもに対する言動が子どもの言動に寄り添っていたか、子どもの望んでいることと合致していたか確認します。もしズレがあったら、より弱い存在である子どもの側に立って、自分はどうすればよかったかを考えてみるのです。ことの是非がわからない子どもの言うなりになることがいいというわけではありませんが、自分がされて嫌なことをしていないかどうかのチェックは何よりも大事です。

②学校教育の見直し

日本には不登校の生徒たちがいますが、そういう生徒たちがほぼいない国もあります。そういう国ではどんな教育をしているのでしょうか。どうしてそのような違いがあるのか、どんな価値観で子どもを育てているのか、海外の教育、特に北欧の教育が参考になるでしょう。また、国内でもオルタナティブな教育やホームエデュケーション、自分の受けてきた教育とは異なる教育をしている学校について知りましょう。その上で、私たちが子どもたちにしていることが当然で必要なことか考えてみましょう。

③社会の振り返り

家庭や地域における子どもの生活は豊かな学びの場になっているでしょうか。子どもたちがどこで誰と何を見て、何を聞いて、何を学んで育っているか、逆に、何を経験していないか、子どもたちの24時間の生活を具体的に書き出してみましょう。自分が同じ生活をすると仮定してみたとき、何が不足していると思うか、自分の子どもの頃の気持ちを思い出して考えてみましょう。

4　価値観を吟味し、行動を変える

学んで得た新しい視点や振り返りで気づいた点をもとに、自分の養育や教育に対する価値観を吟味しましょう。マルトリートメントをしてしまっていると気づいたことは変えていきましょう。マルトリートメントされている子どもに気がついたら、助けましょう。いつからでも遅くはありません。大事なことは、知らなかったこと、わからなかったこと、間違えたことを、次のよりよい行動へのきっかけにするということです。

しかし実際には、自分で自分のマルトリートメントに気づくのはしばしば困難です。学校においては、クラスの中で行われているマルトリートメントは他の教員には見えにくく、家庭でも片方の親のマルトリートメントに、もう片方の親が口を出すのは難しいことです。

したがって、個人的なアプローチ以外に、たとえば学校では、研修の機会を利用して気づきを促したり、保護者と教員がともに参加するワークショップ型研修を実施したりして、大人が協働して子育て・教育できる関係性を作っていきましょう。

人材の育成

ここからはさらに教育・子育てに関わる人たちをどう養成するかという観点です。

5　子ども支援専門職（ペダゴー）の養成

子どもに必要なケアをして育てる専門職として、参考になるのはデンマークの「ペダゴー」という０歳から１００歳までの生活支援、対人援助専門職です。保育から特別支援教育、介護までを担い、小学校低学年においては、学級担任と共に子どもたちの生活力・社会情動的スキル等を高める支援をしています。子ども分野の保育士、学童保育指導員、プレイワーカー、特別支援教育支援員などはペダゴーの資格を持った人たちが中心的に担っています。社会保障審議会児童部会・放課後児童対策に関する専門委員会「総合的な放課後児童対策に向けて」の中間とりまとめにもペダゴーに関する参考意見が記述されています。子どもの権利や発達とその支援方法を学んだペダゴーが、子どもの育ちに関わる専門職として存在することの意味は大きいでしょう。

６　子ども家庭福祉専門職の育成

現在、虐待、貧困などのマルトリートメントに対応するソーシャルワーク的支援ができる子ども家庭支援専門職の創設が検討されています。この資格の業務範囲はマルトリートメントへの対応であり、養育や教育、子育て支援などの予防的活動は想定されていないこと、また、既存資格や団体との調整が困難であることが課題です。すでに25年前、トロント大学マリオン・ボーゴ教授が日本の子ども家庭支援専門職養成について子ども家庭総合研究所の依頼を受け具体的提言（武田信子『社会で子どもを育てる』、平凡社新書に抄訳掲載）を出しており、今もなおきわめて有効な提言内容です。マルトリートメントの予防ができる専門職養成の検討を早急に始めることが必要です。

7　教師教育

残念なことに、私自身深く携わってきた教師教育の分野でもこれまでエデュケーショナル・マルトリートメントや養成の責任に対する認識が乏しかったと言わざるを得ません。

現在の子どもたちの抱える問題を学校教育の振り返りによって検討し、自ら新しい教育実践ができ、それを社会に発信できる教師教育者の育成が必要です。実践を振り返る「リフレクション」の方法や、理論と実践をつなぐ「セルフスタディ」の方法を活用すること、実践研究ができる中堅の学校教員が教員養成に関われる体制作りが求められます。

また、たとえば各都道府県で毎年20～30代の若手教員を10名、子どもの人権意識の高い海外の学校に最低1か月から半年派遣して、そのメンバーが改革検討チームとなって教育委員会に教育改革を提言していくようなシステムは考えられないでしょうか。教師教育が変われば、教員が変わり、学校教育が変わるはずです。

さて、最後に大きな問題が残りました。受験制度です。

受験、生涯学習、「学び」の社会システムを変革する

受験が必要悪であるという考え方を変えるのは難しいことです。発達心理学者の故東　洋《あずまひろし》東大名誉教授は、教育学部長時代に東大入試の合格者を半分抽選にする提案を出したそうです。教育評価の専門家として、本気で固定したヒエラルキーを変えようとなさったのです。この勇気に続く勇気を多くの人が同時に持つことが必要です。変革には混乱と痛みが伴うでしょう。しかし、これ以上のマルトリートメントを継続しないためにどうすればよいのか皆で考え始める必要があります。

実は大学に入るときに受験があることはあたりまえではありません。条件の異なる海外事例をそのまま「よい」と紹介するわけではありませんが、たとえばウルグアイの国立大学は、学びたい者が誰でも無償で入学でき何年でも在籍できます。最初はた

くさんの学生が履修するのですが、継続履修は簡単ではなく、ついていける学生だけが残ります。授業は次第に適正人数になり、じっくりと学問できる環境が整います。受験をなくす方策が見つかるまで、個人として、別の道を選択する子どもたちや選択した大人たちを応援したり、競争や差別に加担したりしないようにすることも大切でしょう。

そもそも受験以前に、日本ではなぜ大学に通うのかということが問題です。学歴はしばしばどんな人脈を持っているかを示す印であり、自分を有利にするための切符です。古くから続くコネ社会の象徴なのです。これでは大学が空洞化してしまいます。

実質的に何を学ぶかが大切にされることが必要です。デンマークの大学や高等専門学校は無償な上に、生活のための一律給付金があって、国民はいつでも学ぶことが保障されています。たとえば、ゲアリュウスポーツアカデミアは、いわゆる体育大学なのですが、生涯学習の考え方で運営されており、運動の不得意な人や身体障がい者も通います。一生涯、自分の体をどう活かして生きていくかを考える場です。

日本においても、自分で必要を感じて受講する学生たちは、熱心に授業に取り組み、授業に注文も付けます。目的意識があるので学びの姿勢が違うのです。同じ学校教育でも、学習者側の態度によってマルトリートメントとはならない場合があるのです。

「今を犠牲にしない」人生100年時代に

ここまで見てきたように、「教育」はいつの間にか今の日本を生き抜くためのサバイバルツールになってしまいました。子どもの養育や教育は、生まれてすぐから将来の不安のために備えなければ100歳を生き抜くことはできないという前提で考えられ、そのためにかえって「今」を犠牲にするマルトリートメントが起きているようです。

私たち大人は、子どもたちが社会を担う力をつけるまで、その養育環境を保障しなければなりません。大事なのは、大人がいきいきと共に学び続け共に生き続け、経験を皺にしっかり刻んで美しく老いていく姿を見せることでしょう。それによって、子どもたちは、自分たちも共に学び続け共に生き続ける主体的な存在になっていくでしょう。

本書の執筆は今後のマルトリートメント予防のためのアクションです。一人でも多くの子どもたちが今日を楽しく幸せに過ごせるようにと願っています。

おわりに

コロナ禍で子どもの自殺がこれまでになく増えています。大人たちの健やかに育ってほしいという願いは彼らに届きません。自分を大切に思えず、学校も家庭も居場所と感じられず、救いを誰かに求めることができずに孤立した子どもたちが、自ら命を絶っていきます。辛かったでしょう。助けに行けない私たち大人も辛いです。

彼らには地域やふらふらできる場所、何となく何をしていてもいい場所がありません。話しかけてもかけなくてもいい第三者もいません。目的などなくても生きていていいのに。存在そのものが価値なのに。逃げてもいいのに。この世に生まれてきたすべての子どもたちに幸せに生きる権利があるのに。そういう大事なことを誰からも感じさせてもらえなかったのでしょうか。

2020年9月発表のユニセフ調査報告書「Worlds of Influence: Understanding

What Shapes Child Well-being in Rich Countries（影響を与える多層な世界：豊かな国々の子どものウェルビーイングを形作るものを理解すること、拙訳）」によれば、日本の子どもたちの「精神的幸福度」（Mental Wellbeing＝精神的に良好な健康状態、ユニセフは「幸福度」としているが以下健康度とする）が38か国中37位でした。精神的健康度はふたつの指標、つまり①15歳の生活満足度がワースト2位の62％であったこと（ＰＩＳＡ、２０１８年）と②15～19歳の自殺率の高さが10万人当たり7・5人と41か国中12位であったこと（ＷＨＯ、２０１５年）によって算出されたものです。

この報告書では、死亡率と肥満度による身体的健康度、先の精神的健康度、読解力・数学分野の学力と社会的スキルの3分野についての検討がなされており、日本は1位、37位、27位という結果です。オランダや北欧諸国は子どもたちにとってのウェルビーイングな環境を作ることができているようですが、日本は豊かなリソースがあって、身体的健康度や学力は高水準でありながら、精神的健康度や社会的スキル（すぐに友達ができる）が多くの国の中でワースト2位という結果です。

中でも、学校への帰属感が低いと答えた日本の15歳の生徒たちの生活満足度は40％と世界で最も低く、また、日本の15歳の生徒たちの3割が簡単には友達ができないと答えています。一方、日本のデータは入っていないのですが、家族と過ごす時間や外遊びの機会が多い10歳前後の子どもたちはどの国でも幸福感（happiness）が強く、地域に遊び場があったり、両親がワークライフバランスをうまくとれていたりすることが子どもの幸福感や生活の質とつながるという結果も出ています。加えて紹介すれば、２０１８年ＰＩＳＡの結果では、日本の生徒（特に女子）は失敗に対する恐れを感じている割合がＯＥＣＤの平均56％に対して77％と高く、自分が失敗しそうなとき他の人が自分のことをどう思うかが気になると回答しています。

数年前、大学2年生を対象に私が行った授業では、子どもの権利条約を学ぶ前、ほとんどの学生たちは経済的に豊かな日本において自分たちの権利は守られていると答えました。その後、条文を読み込んでいったとき、彼らの認識は変わっていきました。たとえ物質的に満たされていても（それも格差の問題が噴出しています）、精神的、社会的な健康が「死」に至るまで脅かされ、ワーストな国の中に入るほど子どもたちが追い込まれているということ、社会で起きている大人たちから子どもたちへのマルトリートメントの存在にそろそろ気づく必要があるのではないでしょうか。

２０２０年度、私は大学院生の池原景太君と共に、引きこもりや不登校、貧困の小中高生の支援をしている複数の団体とつながり、視察や意見交換をさせていただきました。池原君が「若者の居場所におけるスタッフの役割に関する調査研究」(武蔵大学大学院特定課題研究)の分析で見出したことは、いわゆる学習支援や治療的支援よりも先に彼らに地域とつながる居場所を提供し、彼らのありのままを受け止め安心感を高めることに集中的に取り組むこと、生活や生き方そのものを支援し、多彩な生き方をしている人々と出会う機会を作り、強みを見つけてエンパワーメントすることの必要性でした。学校や家庭で抑圧されてきた彼らの人生をリスペクトし、安心な場と信頼できる人間関係を提供して、いつでも戻れる心の安全基地を作ることが、傷ついた彼らの心の回復につながっていたのです。

発達の阻害は、子ども本人にとって不幸なだけでなく、社会全体の安定にとってもマイナスです。子どもたちはウェルビーイングを保障されるべきであり、避けられない困難に出会ったとしても、それを乗り越えるための社会的サポートが必要です。かつて自らも子どもであった私たち大人は、彼らの育つ環境を整え、彼らをエンパワーメントし、彼らの育ちを支えなければなりません。そのために私たちは、世界的視野に立ち、生活環境、自然環境、社会福祉、教育文化等の多領域にわたる適切な知識と技術と方向性を持つ大人「たち」になっていくことが求められます。私たちを見た子どもがあんなふうにでこぼこだけれど面白い大人になりたいと思うために、今こそ私たちは、子どもたちへの関わりを再考することが必要です。

本書の執筆にあたり、一般社団法人ジェイス（Japan Action for Children's Environments and Prevention of Maltreatment）の立ち上げメンバーである青木明香さん、迫きよみさん、田中愛さん、築地律さん、中川奈緒美さん、中村俊一さん、西川正さん、根本真紀さん、古野陽一さん、松田妙子さん、横須賀聡子さん、また元武蔵大学聴講生の山田由佳さんにお世話になりました。そして２００２年に『社会で子どもを育てる』（平凡社新書）を世に出してくださった編集者の浅井四葉さんに再び伴走していただきました。心より感謝しています。

本書には紙幅の関係で書けなかったことがたくさんあります。もし本書を読んでさらに知りたいと思った読者の方がいらしたら、これまでに私が書きました書籍や論考、フェイスブックやnoteへの投稿を読んでいただければ幸いです。

２０２１年４月22日

武田信子

本書は書き下ろしです。内容は2021年4月現在のものです。

カバーイラスト　阿部千香子
カバーデザイン　FROG KING STUDIO
本文DTP、図版作成　高羽正江

武田信子
たけだ・のぶこ
臨床心理士。一般社団法人ジェイス代表理事。元武蔵大学人文学部教授。臨床心理学、教師教育学を専門とし、長年、子どもの養育環境の改善に取り組む。東京大学大学院教育学研究科満期退学。トロント大学、アムステルダム自由大学大学院で客員教授、東京大学等で非常勤講師を歴任。著書に『社会で子どもを育てる』(平凡社新書)、編著に『教育相談』(学文社)、共編著に『子ども家庭福祉の世界』(有斐閣アルマ)、『教員のためのリフレクション・ワークブック』(学事出版)、監訳に『ダイレクト・ソーシャルワークハンドブック』(明石書店)など。

ポプラ新書
208
やりすぎ教育
商品化する子どもたち
2021年5月12日 第1刷発行
2024年5月 9 日 第4刷
著者
武田信子
発行者
加藤裕樹
編集
浅井四葉
発行所
株式会社 ポプラ社
〒141-8210 東京都品川区西五反田 3-5-8
一般書ホームページ www.webasta.jp
ブックデザイン
鈴木成一デザイン室
印刷・製本
図書印刷株式会社

N.D.C.372/190P/18cm/ISBN978-4-591-17004-5

P8201208

生きるとは共に未来を語ること　共に希望を語ること

昭和二十二年、ポプラ社は、戦後の荒廃した東京の焼け跡を目のあたりにし、次の世代の日本を創るべき子どもたちが、ポプラ（白楊）の樹のように、まっすぐにすくすくと成長することを願って、児童図書専門出版社として創業いたしました。

創業以来、すでに六十六年の歳月が経ち、何人たりとも予測できない不透明な世界が出現してしまいました。

この未曾有の混迷と閉塞感におおいつくされた日本の現状を鑑みるにつけ、私どもは出版人としていかなる国家像、いかなる日本人像、そしてグローバル化しボーダレス化した世界的状況の裡で、いかなる人類像を創造しなければならないかという、大命題に応えるべく、強靭な志をもち、共に未来を語り共に希望を語りあえる状況を創ることこそ、私どもに課せられた最大の使命だと考えます。

ポプラ社は創業の原点にもどり、人々がすこやかにすくすくと、生きる喜びを感じられる世界を実現させることに希いと祈りをこめて、ここにポプラ新書を創刊するものです。

未来への挑戦！

平成二十五年　九月吉日　　株式会社ポプラ社